Jean Genet

# Les Nègres

*Clownerie*

Pour jouer " Les Nègres "

Marc Barbezat-L'Arbalète

Joués par la troupe des Griots et mis en scène par Roger Blin, dans les décors et avec les costumes d'André Acquart, *Les Nègres* ont été représentés pour la première fois à Paris au théâtre de Lutèce le 28 octobre 1959.

# POUR JOUER « LES NÈGRES »

*Imiter Blin? Sa réussite était de l'ordre de la perfection, l'imiter équivaudrait à le dégrader. Sa mise en scène ne peut être qu'un exemple d'audace et de rigueur.*

*Quand Bobo enduit de cirage la figure de Village, elle doit le faire avec beaucoup de soin. Elle peut utiliser des cirages noirs, jaunes, rouges et blancs afin de réussir un maquillage assez sauvage. Elle applique les couleurs comme le fait un peintre sur sa toile, en se reculant pour apprécier. Les autres Nègres, comme les visiteurs d'un musée, apprécient aussi, la tête penchée...*

*Lorsque Village commence la tirade : « J'entre et je m'apporte... », Archibald prendra les gestes d'un chef d'orchestre, donnant la parole tantôt à l'un tantôt à l'autre.*

*Toujours Village : lorsqu'il commence la tirade : « Marchez ! Vous possédez ce soir la plus belle démarche du royaume... » il faut allumer toutes les* lumières, y compris les lustres de la salle. Les spectateurs doivent être inondés de lumière. Elle reprendra son intensité normale quand le Juge dira : « Que distinguez-vous ? »

Mais alors, Village doit parler plus fort, éclater même, avoir des gestes plus visibles afin de reprendre sur lui une attention détournée un instant par le flot des lumières.

Si la pièce devait être jouée en plein air, j'aimerais que la Cour s'installe sur la branche horizontale (surajoutée) d'un gros arbre feuillu. Quand elle doit venir parmi les Nègres (en Afrique) la Cour apparaîtrait dans les branches d'un autre arbre (à droite) et descendrait jusqu'au sol au moyen de lianes ou de branches souples.

Sur quel ton réciter : bien imiter les Tragédiens et surtout les Tragédiennes-Français. En plus, y joindre du talent.

Aucune édition ne devant paraître sans les photos prises lors des représentations au Théâtre de Lutèce (mise en scène de Blin), il sera plus facile de s'approcher du style voulu par nous : le grotesque dominera. Pourtant, mettre beaucoup de grâce dans les deux menuets, et dans les chants.

Il faudrait, aussi, que Village et Vertu quittent vers la fin le rôle de convention qu'ils sont censés tenir pour cette fête, et dessinent les personnages plus humains de deux êtres qui s'aiment pour de bon.

Je laisse dans ce livre la description des décors imaginés par moi, mais en les confrontant avec ceux que réalisa André Acquart, on verra que c'est à partir des siens qu'il faut procéder. Et dans ses costumes.

Voici comment Roger Blin terminait la pièce : à peine Vertu et Village ont échangé leur dernière réplique que tous les acteurs rentrent en scène et se mettent à danser sur un rythme africain. Ville de Saint-Nazaire en profite pour passer en coulisse. Soudain, à la musique africaine succèdent les premières mesures du menuet de Mozart. C'est alors que Ville de Saint-Nazaire apparaît dans le fond de la scène : il porte à bout de bras le catafalque blanc couvert de fleurs, il s'avance en regardant avec insolence le public, il traverse la double haie formée par les acteurs pour le laisser passer, il pose le catafalque où il doit se trouver au début de la pièce, puis, la musique n'ayant pas cessé, tous se mettent à danser le menuet de Mozart. Rideau.
Cette façon d'achever la pièce a ma préférence.

*Pour Abdallah*

UN SOIR UN COMÉDIEN ME DEMANDA D'ÉCRIRE UNE PIÈCE QUI SERAIT JOUÉE PAR DES NOIRS. MAIS, QU'EST-CE QUE C'EST DONC UN NOIR? ET D'ABORD, C'EST DE QUELLE COULEUR?

J. G.

Cette pièce, je le répète, écrite par un Blanc, est destinée à un public de Blancs. Mais si, par improbable, elle était jouée un soir devant un public de Noirs, il faudrait qu'à chaque représentation un Blanc fût invité — mâle ou femelle. L'organisateur du Spectacle ira le recevoir solennellement, le fera habiller d'un costume de cérémonie et le conduira à sa place, de préférence au centre de la première rangée des fauteuils d'orchestre. On jouera pour lui. Sur ce Blanc symbolique un projecteur sera dirigé durant tout le spectacle.

Et si aucun Blanc n'acceptait cette représentation? Qu'on distribue au public noir à l'entrée de la salle des masques de Blancs. Et si les Noirs refusent les masques qu'on utilise un mannequin.

J. G.

VILLE DE SAINT-NAZAIRE
*Robert Liensol*

VILLAGE
*Bachir Touré*

ARCHIBALD
*Mamadou Condé*

DIOUF
*Gérard Lemoine*

VERTU
*Lydia Ewande*

BOBO
*Toto Bissainthe*

FÉLICITÉ
*Darling Légitimus*

NEIGE
*Judith Aucagos*

LA REINE
*Gisèle Baka*

LE JUGE
*Dia Fara*

LE VALET
*Edée Fortin*

LE MISSIONNAIRE
*Georges Hilarion*

LE GOUVERNEUR
*Théo Légitimus*

*Le rideau est tiré. Non levé : tiré.*

## LE DÉCOR

*Des rideaux de velours noir. Quelques gradins avec paliers de différents plans, à droite et à gauche. L'un d'eux, très au fond vers la droite, est plus élevé. Un autre allant jusqu'aux cintres, et semblable plutôt à une galerie, fait le tour de la scène. C'est là qu'apparaîtra la* COUR. *Un paravent vert est disposé sur un palier supérieur, à peine moins élevé que celui décrit plus haut. Au milieu de la scène, directement sur le plancher, un catafalque recouvert d'une nappe blanche. Sur le catafalque, des fleurs en bouquets : iris, roses, glaïeuls, arums. Au pied du catafalque, boîte de cireur des rues. La lumière est une lumière de néon, très violente.*

*Quand le rideau est tiré, quatre Nègres en frac — non, l'un de ces Nègres, Ville de Saint-Nazaire, sera pieds nus et en chandail de laine —*

*et quatre Négresses en robe du soir dansent autour du catafalque une sorte de menuet sur un air de Mozart, qu'ils sifflent et fredonnent. Le frac — et cravate blanche des messieurs — est accompagné de chaussures jaunes. Les toilettes des dames — robes du soir très pailletées — évoquent de fausses élégances, le plus grand mauvais goût. Tout en dansant et sifflant, ils arrachent des fleurs de leurs corsages et habits, pour les poser sur le catafalque. Soudain, sur la plate-forme en haut à gauche, entre la Cour.*

## LES PERSONNAGES

LA COUR : *Chaque acteur en sera un Noir masqué dont le masque est un visage de Blanc posé de telle façon qu'on voie une large bande noire autour, et même les cheveux crépus.*

LA REINE : *Masque blanc et triste. Bouche aux coins tombants. Couronne royale sur la tête. Sceptre en main. Hermine au manteau à traîne. Robe superbe. A sa droite...*

SON VALET : *Gringalet maniéré, gilet rayé des valets de chambre. Serviette sur le bras, dont il joue comme d'un foulard, mais avec lequel il essuiera les yeux de Sa Majesté.*

LE GOUVERNEUR : *Uniforme sublime. Tient une paire de jumelles, ou une longue-vue de marine.*

LE JUGE : *Robe noire et rouge. A gauche de la Reine.*

LE MISSIONNAIRE : *Robe blanche. Bagues. Croix pectorale. A gauche du juge.*

*La Cour, debout, et sur un seul rang, semble intéressée par le spectacle des Nègres dansant qui, tout à coup, s'immobilisent, interrompant le menuet. Ils s'approchent de la rampe, se retournent d'un quart de cercle pour saluer cérémonieusement la Cour, puis le public. L'un d'eux se détache et parle, s'adressant tantôt au public, tantôt à la Cour :*

ARCHIBALD : Mesdames, Messieurs... *(La Cour éclate d'un rire très aigu, mais très bien orchestré. Ce n'est pas un rire en liberté. A ce rire, répond un même rire, mais plus aigu encore, des Nègres qui sont autour d'Archibald. Déconcertée, la Cour se tait.)*... Je me nomme Archibald Absalon Wellington. *(Il salue, puis il passe devant ses camarades, les nommant tour à tour.)*... Voici monsieur Dieudonné Village *(Il s'incline.)*... Mademoiselle Adélaïde Bobo *(Elle s'incline.)*... Monsieur Edgar-Hélas Ville de Saint-Nazaire *(Il s'incline.)*... Madame Augusta

Neige *(Elle reste droite.)*... eh bien... eh bien, madame *(En colère et tonnant.)* saluez! *(Elle reste droite.)*... Je vous le demande, saluez, madame! *(Extrêmement doux, presque peiné.)* Je vous le demande, saluez, madame, c'est un jeu *(Neige s'incline.)*... Madame Félicité Gueuse-Pardon *(Elle s'incline.)*... et Mademoiselle Diop, Étiennette-Vertu-Rose-Secrète. Vous le voyez, mesdames, messieurs, comme vous avez vos lis et vos roses, pour vous servir nous utiliserons nos fards d'un beau noir luisant. C'est monsieur Dieudonné Village qui recueille le noir de fumée, et madame Félicité Gueuse-Pardon qui le délaie dans notre salive. Ces dames l'aident. Nous nous embellissons pour vous plaire. Vous êtes blancs. Et spectateurs. Ce soir nous jouerons pour vous...

LA REINE, *interrompant le récitant :* Évêque! Évêque in partibus!

LE MISSIONNAIRE, *sans se déplacer, mais se penchant vers elle :* Alleluia!

LA REINE, *plaintive :* Vont-ils la tuer?

> *Les Nègres du bas éclatent du même rire aigu et orchestré du début. Mais Archibald les fait taire.*

ARCHIBALD : Silence. S'ils n'ont que leur nostalgie, qu'ils s'en enchantent.

NEIGE : Le chagrin, monsieur, leur est encore une parure...

LE VALET, *regardant autour de lui :* Et ma chaise?

LE MISSIONNAIRE, *même jeu :* Et la mienne? Qui l'a prise?

LE VALET, *au Missionnaire, aigrement :* Si ma chaise n'avait pas disparu, vous me soupçonneriez. Mais c'était à mon tour de m'asseoir, et ma chaise a foutu le camp. On peut compter sur ma bonne humeur et sur mon dévouement si c'est debout que je dois voir le spectacle!

LA REINE, *toujours plus languissante :* Je répète : vont-ils la tuer?

LE MISSIONNAIRE, *très sombre :* Mais, madame... *(Un temps.)* elle est morte!

LE VALET : Et c'est tout ce que vous trouvez à dire à votre souveraine? *(Comme à lui-même :)* Ce monde aurait besoin d'un sérieux coup de torchon!

LE MISSIONNAIRE : Depuis ce matin l'infortunée est dans mes prières. En bonne place.

LA REINE, *se penchant pour interpeller Neige :* Est-il vrai, mademoiselle, qu'il ne nous reste que notre tristesse et qu'elle nous soit une parure?

ARCHIBALD : Et nous n'avons pas fini de vous embellir. Ce soir encore nous sommes venus travailler à votre chagrin.

LE GOUVERNEUR, *montrant le poing et faisant mine de descendre :* Si je vous laisse faire!

LE VALET, *le retenant :* Où alliez-vous?

LE GOUVERNEUR, *martial :* Broyer du Noir!

> *Tous les Nègres, en bas, d'un même mouvement, haussent les épaules.*

ARCHIBALD : Silence. *(Au public :)* Ce soir nous jouerons pour vous. Mais, afin que dans vos fauteuils vous demeuriez à votre aise en face du drame qui déjà se déroule ici, afin que vous soyez assurés qu'un tel drame ne risque pas de pénétrer dans vos vies précieuses, nous aurons encore la politesse, apprise parmi vous, de rendre la communication impossible. La distance qui nous sépare, originelle, nous l'augmenterons par nos fastes, nos manières, notre insolence — car nous sommes aussi des comédiens. Mon discours terminé, tout, ici — *( Il frappe du pied avec une rage excessive, presque comme un cheval, et il hennit comme un cheval.)* ici! se passera dans le monde délicat de la réprobation. Si nous tranchons des liens, qu'un continent s'en aille à la dérive et que l'Afrique s'enfonce ou s'envole...

> *Depuis un moment, le Gouverneur qui a sorti un papier de sa poche, lit à voix basse.*

LA REINE : Qu'elle s'envole? Était-ce une métaphore?

LE GOUVERNEUR, *lisant d'une voix toujours plus haute :* « ... quand je tomberai, sournoisement percé par vos sagaies, regardez bien, vous verrez mon assomption. *(D'une voix tonnante :)* Mon cadavre sera par terre, mais mon âme et mon corps s'élèveront dans les airs... »

LE VALET, *haussant les épaules :* Apprenez votre rôle dans les coulisses. Quant à cette dernière phrase vous auriez tort de la lancer sur un ton de proclamation.

LE GOUVERNEUR, *tourné vers le valet :* Je sais ce que je fais. *(Il reprend sa lecture.)* « Vous me verrez et vous mourrez de peur. D'abord vous pâlirez, puis vous tomberez, et vous serez morts... » *(Puis il met le papier qu'il vient de plier, ostensiblement dans sa poche.)* C'était un article pour leur faire savoir que nous savons. Et nous savons que nous sommes venus assister à nos propres funérailles. Ils croient nous y obliger, mais c'est par l'effet de notre courtoisie que nous descendrons dans la mort. Notre suicide...

LA REINE, *touchant le gouverneur de son éventail :* ... Les préparatifs en sont commencés, mais laissez donc ce nègre parler : voyez sa pauvre bouche qui bâille, grande ouverte, et ces colonnes de mouches qui en sortent... *(Elle regarde mieux, penchée.)* ou qui s'y précipitent. *(A Archibald :)* Continue.

ARCHIBALD, *après avoir salué la Reine :* ... s'enfonce ou s'envole. *(La Cour se protège le visage comme si un oiseau venait dans sa direction)*... mais qu'elle parte ! *(Un temps.)* Quittée cette scène, nous sommes mêlés à votre vie : je suis cuisinier, madame est lingère, monsieur étudie la médecine, monsieur est vicaire à Sainte-Clotilde, madame... passons. Ce soir, nous ne songerons qu'à vous divertir : nous avons donc tué une Blanche. Elle est là. *(Il montre le catafalque. Toute la Cour essuie une larme d'un*

27

*geste théâtral très visible, et pousse un long sanglot de douleur auquel répond le rire très aigu et parfaitement orchestré des Nègres.)*... Seuls nous étions capables de le faire comme nous l'avons fait, sauvagement. Et maintenant, écoutez... *( Il fait un pas en arrière.)*... écoutez... ah, j'oubliais, voleurs, nous avons tenté de dérober votre beau langage. Menteurs, les noms que je vous ai livrés sont faux. Écoutez...

> *Il se recule, mais déjà les autres acteurs ne l'écoutaient plus. M<sup>me</sup> Félicité, imposante Négresse de soixante ans, est montée jusqu'au dernier palier de droite, où elle s'assied dans un fauteuil, face à la Cour.*

BOBO : Les fleurs ! Les fleurs, n'y touchez pas !

NEIGE, *elle reprend un iris pour son corsage :* Elles sont à vous, ou à l'assassinée ?

BOBO : Elles sont là pour le jeu. Qui n'exige pas que vous vous fleurissiez. Remettez l'iris. Ou la rose ? Ou la tulipe ?

ARCHIBALD : Bobo a raison. Vous vouliez être plus belle, il reste du cirage.

NEIGE : Bien. Encore que...

> *Elle crache la fleur après l'avoir mordue.*

ARCHIBALD : Pas d'inutiles cruautés, Neige. Ni d'ordures ici.

> *Neige ramasse la fleur et la mange. Archibald court après Neige qui se cache derrière le catafalque où Village la rat-*

> *trape et la ramène à Archibald qui veut la sermonner.*

NEIGE, *à Village :* Flic déjà!

ARCHIBALD, *à Neige :* Votre geste d'enfant gâtée n'appartenait pas au rite. (*Cependant que tous les autres Nègres sont immobiles, et écoutent, il se tourne vers Ville de Saint-Nazaire.*) Et vous, monsieur, vous êtes de trop. Tout, étant secret, il faut foutre le camp. Allez, mais allez donc les prévenir. Dites-leur bien que nous avons commencé. Qu'ils fassent leur travail comme nous allons faire le nôtre. Tout se passera comme à l'accoutumée. Je l'espère.

> *Ville de Saint-Nazaire s'incline et va pour sortir vers la droite, mais Village intervient.*

VILLAGE : Pas par là, malheureux. On vous avait dit de ne plus venir, vous gâchez tout.

VILLE DE SAINT-NAZAIRE : Le mal...

ARCHIBALD, *l'interrompant :* Plus tard. Sortez.

> *Ville de Saint-Nazaire sort à gauche.*

NEIGE, *crachant l'iris :* On débute toujours contre moi.

BOBO : Vous faites intervenir votre tempérament, vos colères, vos humeurs, vos indispositions, et vous n'en avez pas le droit.

NEIGE : J'ai celui d'un regard exceptionnel sur cette aventure, car sans moi...

ARCHIBALD : Vous n'avez fait ni plus ni moins que les autres.

NEIGE : Exceptionnels aussi, mon tempérament, mes colères, mes humeurs, mon indisposition vous arrangent. Et sans ma jalousie à votre égard, Village...

VILLAGE, *l'interrompant* : On le saura. Vous l'avez assez répété. Bien avant sa mort *(Il montre du doigt le catafalque.)* vous lui portiez une haine mortelle. Or, sa mort ne devait pas seulement signifier qu'elle perdît la vie. Tous, tendrement, nous l'avons couvée, et non dans l'amour.

*Long sanglot de la Cour.*

NEIGE : Vraiment? Je vous dirai donc ce soir, à tous, que j'ai brûlé si longtemps, et d'une haine si ardente, que je suis de cendre.

DIOUF : Et nous, de quoi sommes-nous faits?

NEIGE : Pas pareil, messieurs. Dans votre haine pour elle il entrait un peu de désir, donc d'amour. Mais moi, mais elles *(Elle montre les autres femmes.)*, mais nous, les Négresses, nous n'avions que nos colères et nos rages. Quand elle fut tuée, en nous nulle crainte, nulle peur, mais nulle tendresse. Nous étions sèches. Sèches, messieurs, comme les mamelles des vieilles dames Bambaras.

*La Reine éclate de rire. Le Missionnaire lui fait signe de se taire. La Reine se calme doucement, son mouchoir sur sa bouche.*

ARCHIBALD, *sévère :* Le tragique sera dans la couleur noire! C'est elle que vous chérirez, rejoindrez, mériterez. C'est elle qu'il faudra gagner.

NEIGE, *extatique* : Ma couleur! Mais vous êtes moi-même! Mais vous, Village, où alliez-vous en allant vers elle?

*Elle indique le catafalque.*

VILLAGE : Vous recommencez encore avec vos ridicules soupçons. Voulez-vous le détail de mes humiliations en face d'elle? Vous le voulez? Dites, le voulez-vous?

TOUS, *dans un cri terrible* : Oui!

VILLAGE : Nègres, vous avez gueulé trop vite et trop fort. (*Il respire profondément.*) Ce soir, il se passera du nouveau.

ARCHIBALD : Vous n'avez pas le droit de rien changer au cérémonial, sauf, naturellement, si vous découvrez quelque détail cruel qui en rehausserait l'ordonnance.

VILLAGE : En tout cas, je peux vous faire languir et attendre longtemps le meurtre.

ARCHIBALD : C'est à moi qu'il faut obéir. Et au texte que nous avons mis au point.

VILLAGE, *narquois* : Mais je reste libre d'aller vite ou lentement dans mon récit et dans mon jeu. Je peux me mouvoir au ralenti? Je peux multiplier ou allonger les soupirs?

LA REINE, *amusée* : Il est charmant! Continuez, jeune homme!

LE JUGE : Décidément, Votre Majesté est d'une inconscience!

LE VALET : Il ne me déplaît pas du tout. (*A*

*Village :)* Allongez et multipliez les soupirs, charmant négrillon!

LE GOUVERNEUR, *au Valet :* Assez! Dites-nous plutôt où en sont les caoutchoucs.

LE VALET, *au garde à vous et tout d'une traite :* Hévéas 4 500.

> *Toute la Cour fait la grimace.*

LE GOUVERNEUR : L'or?

LE VALET : Oubangui Oriental 1 580. Saint-Élie-à-Dieu-Vat 1 050. Macupia 2 002. M'Zaïta 20 008.

> *Toute la Cour se frotte les mains.*

VILLAGE, *continuant :* ... multiplier ou allonger mes soupirs, me reposer au milieu d'une phrase ou d'un mot? D'ailleurs, je suis fatigué. Vous oubliez que je suis déjà éreinté par un crime qu'il me fallait bien accomplir avant votre arrivée puisqu'il vous faut à chaque séance un cadavre frais.

LA REINE, *dans un cri :* Ah!

LE JUGE, *féroce :* Je vous l'avais bien dit.

LE VALET, *très maniéré :* Qu'on ne les condamne pas d'abord, mais qu'on les écoute. Ils ont une spontanéité exquise, leur beauté est étrange, leur poids de chair plus grand...

LE GOUVERNEUR : Taisez-vous, foutu gamin perdu par l'amour de l'exotisme.

DIOUF, *à Archibald :* Il est de fait que nous pourrions utiliser plusieurs fois le même mort. Ce qui compte, c'est sa présence parmi nous.

ARCHIBALD : Et l'odeur, monsieur le Vicaire général?

BOBO, *à Archibald :* La puanteur vous effraie, maintenant? C'est elle qui monte de ma terre africaine. Moi, Bobo, sur ses vagues épaisses, je veux promener ma traîne! Qu'une odeur de charogne me porte! Et m'enlève! *(A la Cour :)* Et toi, race blafarde et inodore, toi, privée d'odeurs animales, privée des pestilences de nos marécages...

ARCHIBALD, *à Bobo :* Laissez parler Vertu.

VERTU, *avec sagesse :* Il faudrait tout de même être prudents. Le danger est chaque jour plus grand. Non seulement pour Village, mais pour n'importe quel chasseur.

NEIGE : Tant mieux. C'est à une Cour d'Assises, spécialement dressée pour nous, que nous dédicrons nos folies, puisque c'est pour elle que nous travaillons ce soir.

ARCHIBALD : Assez. *(A Village :)* Enfin, Village, cette fois-ci non plus il n'y a pas eu d'alerte? Tout s'est bien passé? Où l'avez-vous trouvée?

VILLAGE : Je vous l'ai déjà dit tout à l'heure en venant. Monsieur Hérode Aventure et moi, juste après le dîner, nous sommes passés sur les quais. Il faisait assez doux. Un peu avant l'entrée du pont, il y avait une vieille clocharde accroupie — ou allongée — sur un tas de guenilles. Mais je vous ai déjà tout raconté...

BOBO : Qu'elle s'estime heureuse, la clocharde. Elle aura des funérailles solennelles.

33

ARCHIBALD, *à Village* : Mais dites encore. A-t-elle gueulé?

VILLAGE : Pas du tout. Pas eu le temps. Monsieur Hérode Aventure et moi, nous nous sommes approchés, carrément. Elle pionçait : elle s'est réveillée à demi. Dans le noir...

BOBO et NEIGE, *riant* : Oh! Dans le noir?

VILLAGE : Dans le noir elle a dû nous prendre pour des agents. Elle puait le vin, comme toutes celles qu'ils rejettent sur les quais. Elle a dit : « Je ne fais pas de mal... »

ARCHIBALD : Ensuite?

VILLAGE : Comme d'habitude. C'est moi qui me suis baissé. Je l'ai étranglée avec mes deux mains pendant que monsieur Hérode Aventure emprisonnait les siennes. Elle s'est un peu raidie... enfin elle a eu ce qu'ils appellent un spasme, et c'est tout. Un peu dégoûté à cause de la gueule de la vieille, d'une odeur de vin et d'urine, à cause de la crasse, monsieur Hérode Aventure a failli dégueuler. Mais il s'est vite dominé. Nous l'avons transportée jusqu'à notre Cadillac, et amenée ici, dans une caisse.

*Un silence.*

NEIGE : Mais cette puanteur, qui n'est pas la nôtre...

*Village sort de sa poche une cigarette.*

BOBO : Vous avez raison, fumons.

*Les Nègres semblent interrogatifs.*

ARCHIBALD : Grillons tous une cigarette. Enfumons-la.

*Tous les Nègres sortent une cigarette de leur poche, se donnent du feu en se saluant, cérémonieusement, puis se mettent en cercle en envoyant la fumée autour du catafalque. Ils bourdonnent, bouche fermée, une mélopée qui a commencé par ceci : ... Je les aimais mes blancs moutons...*

*Pendant la mélopée la Cour s'émeut.*

LE GOUVERNEUR, *au Valet :* Voici qu'ils l'enfument ! C'est une ruche, c'est un nid de frelons, c'est un bois de lit pourri de punaises, c'est un terrier, c'est un repaire de rebelles... Notre morte ! Ils vont la cuire et la manger. Qu'on leur retire les allumettes !

*Toute la Cour s'agenouille devant la Reine et le Valet lui essuie les yeux avec le torchon.*

LE MISSIONNAIRE : Prions, madame. *(Aux autres :)* Tous, à genoux devant cet auguste chagrin.

LA REINE : Ahaaha !

LE MISSIONNAIRE : Confiance, Majesté. Dieu est blanc.

LE VALET : Vous paraissez sûr de vous...

LE MISSIONNAIRE : Aurait-il permis, jeune efféminé, aurait-il permis le miracle grec ? Depuis deux mille ans Dieu est blanc, il mange sur une nappe blanche, il essuie sa bouche blanche avec une serviette blanche, il pique la viande blanche avec une fourchette blanche. *(Un temps.)* Il regarde tomber la neige.

ARCHIBALD, *à Village :* Récite-leur la suite. Pendant le trajet, pas d'ennuis?

VILLAGE : Rien. D'ailleurs, j'avais cela.

> *Il montre, après avoir manœuvré la culasse avec bruit, un revolver qu'il pose sur la boîte de cireur, où il restera.*

VERTU, *toujours très calme :* Mais enfin, vous imaginez que cela va continuer longtemps, ces cadavres qu'on découvre à l'aube — et même en plein jour — dans des endroits et des postures abominables? Un jour ou l'autre tout va claquer. Il faut aussi se méfier d'une trahison possible.

NEIGE : Que voulez-vous dire?

VERTU : Qu'un Nègre est capable d'en vendre un autre.

NEIGE : Parlez pour vous, madame.

VERTU : C'est par ce que je vois et qui se passe dans mon âme, et que je nomme la tentation du Blanc...

LE GOUVERNEUR, *victorieux :* J'en étais sûr. Tôt ou tard ils y viennent. Il suffira d'y mettre le prix.

LA REINE : J'offrirai mes bijoux! J'ai des caves pleines de caisses pleines de perles pêchées par eux dans leurs mers mystérieuses, des diamants, de l'or, des louis déterrés de leurs mines profondes, je les donne, je les jette...

LE VALET : Et moi?

LA REINE : Il vous restera votre Reine, vilain... Vieillie, en loques, mais digne. Grande.

ARCHIBALD, *à la Reine* : Laissez-nous continuer.

LE JUGE, *à Archibald* : C'est vous qui n'en finissez pas de lanterner. Vous nous avez promis la représentation du crime afin de mériter votre condamnation. La Reine attend. Dépêchez-vous.

ARCHIBALD, *au Juge* : Personne n'y met du sien. Sauf Vertu.

LE JUGE : Eh bien, faites donner Vertu, faites donner Village.

VILLAGE, *affolé* : Nègres, le moment du récit déclamé n'est pas encore venu. Je vous dirai seulement que cette femme était blanche et qu'elle prenait prétexte de notre odeur pour me fuir. Me fuir, car elle n'osait me chasser. Ah, le temps merveilleux où l'on chassait le nègre et l'antilope ! Mon père m'a raconté...

ARCHIBALD, *l'interrompant* : Votre père ? N'utilisez plus ce mot. En le prononçant il vient de passer dans votre voix, monsieur, comme un tendre sentiment.

VILLAGE : Et comment me conseillez-vous d'appeler le mâle qui engrossa la négresse de qui je suis né ?

ARCHIBALD : Je m'en fous. Faites ce que vous pourrez. Inventez, sinon des mots, des phrases qui coupent au lieu de lier. Inventez non l'amour, mais la haine, et faites donc de la poésie, puisque c'est le seul domaine qu'il nous

soit permis d'exploiter. Pour leur divertissement? *(Il indique le public.)* Nous verrons. Avec
beaucoup de justesse, vous évoquiez notre
odeur — notre fumet, grâce à quoi leurs
clébards nous retrouvaient dans la brousse —
vous aussi étiez sur la bonne piste. Reniflez. Et
dites qu' « elle » *(Il indique le catafalque.)* savait
que nous puons. Procédez avec délicatesse.
Ayez l'habileté de ne choisir que des raisons de
haine. Retenez-vous de trop magnifier notre
sauvagerie. Redoutez d'apparaître comme un
grand fauve : sans avoir leur estime, vous ten-
teriez leur désir. Vous l'avez donc assassinée.
Nous allons commencer...

VILLAGE : Minute. Le mot de père, par quoi
pourrai-je le remplacer?

ARCHIBALD : Votre périphrase conviendra parfaitement.

VILLAGE : Elle est bien longue.

ARCHIBALD : C'est par l'élongation que nous
déformerons assez le langage pour nous en enve-
lopper et nous y cacher : les maîtres procédant
par contraction.

BOBO : Généralement je suis brève.

ARCHIBALD : Vous êtes généralement pressée
de voir les autres se dissimuler sous leurs
paroles. Mais comme nous, chère Bobo, vous
vous régalez l'oreille de ces volubilis qui s'en-
tortillent autour des piliers du monde. Nous
devons séduire : de la plante des pieds jusqu'à
leurs oreilles, notre langue rose, seule partie de
nous-même évoquant une fleur, se promène

38

avec science et silence autour de nos beaux indifférents. La phrase convient-elle?

VILLAGE : La vôtre?

ARCHIBALD : Imbécile, la vôtre... « le nègre qui engrossa, etc. ». Tout le monde approuve? Sauf Neige, encore rétive?

NEIGE, *très hargneuse :* Si j'étais sûre que Village eût descendu cette femme afin de devenir avec plus d'éclat un Nègre balafré, puant, lippu, camus, mangeur, bouffeur, bâfreur de Blancs et de toutes les couleurs, bavant, suant, rotant, crachant, baiseur de boucs, toussant, pétant, lécheur de pieds blancs, feignant, malade, dégoulinant d'huile et de sueur, flasque et soumis, si j'étais sûre qu'il l'ait tuée pour se confondre avec la nuit... Mais je sais qu'il l'aimait.

VERTU : Non!

VILLAGE : Non!

NEIGE, *à Vertu :* Vous pensez donc être aimée de lui, vous, la négresse soumise?

ARCHIBALD, *sévère :* Neige!

NEIGE, *à Vertu :* Rosir, rougir, d'émoi, de confusion, doux termes qui ne s'appliqueront jamais à nous, sinon vous verriez monter, à toutes pompes, la pourpre aux joues de Vertu.

VERTU : Moi?

BOBO : Quelqu'un.

> *En ce moment, tous les Nègres se trouvent groupés à droite de la scène. Ils se taisent. C'est alors que venant de la*

*coulisse, entre Ville de Saint-Nazaire. Il s'avance doucement.*

ARCHIBALD, *s'approchant de Ville de Saint-Nazaire :* Eh bien? Est-ce qu'il y a déjà quelque chose?

VILLE DE SAINT-NAZAIRE : Il est arrivé. On l'a amené, menottes aux mains.

> *Tous les Nègres se groupent autour de Ville de Saint-Nazaire.*

NEIGE : Qu'allez-vous faire?

VILLE DE SAINT-NAZAIRE, *il se baisse et ramasse le revolver posé sur la boîte de cireur :* Avant tout, l'interroger...

ARCHIBALD, *l'interrompant :* Ne dites que ce qu'il faut dire, on nous épie.

> *Tous lèvent la tête et regardent la Cour.*

LE JUGE, *criant :* Parce que vous êtes déguisés en chiens savants, vous croyez savoir parler, et déjà vous inventez des énigmes...

VILLAGE, *au Juge :* Un jour...

ARCHIBALD, *l'interrompant :* Laisse. Dans la colère tu vas te trahir et nous trahir. *(A Ville de Saint-Nazaire :)* A-t-il dit quelque chose qui le justifie? Rien?

VILLE DE SAINT-NAZAIRE : Rien. Je m'en vais?

ARCHIBALD : Quand le tribunal sera en place, reviens nous prévenir.

> *Ville de Saint-Nazaire se détache du groupe et va pour sortir.*

DIOUF, *timidement :* Vous tenez vraiment à emporter cet objet?

*Il montre le revolver que tient Ville de Saint-Nazaire.*

ARCHIBALD, *à Diouf, violent :* Une fois de plus je voudrais que vous sachiez que vous perdez votre temps. Vos arguments sont connus. Vous allez nous parler raison, conciliation : nous nous obstinerons dans la déraison, dans le refus. Vous parlerez d'amour. Faites-le, puisque nos répliques sont prévues par le texte.

*Sauf Diouf et Ville de Saint-Nazaire, tous rient d'un rire orchestré.*

VILLE DE SAINT-NAZAIRE : Vous avez tort de ne pas l'écouter...

ARCHIBALD, *impérieux :* Partez! Rentrez dans la coulisse. Emportez le revolver, et allez faire votre besogne.

VILLE DE SAINT-NAZAIRE : Mais...

VILLAGE, *intervenant :* Pas de mais. Obéis à monsieur Wellington. *(Résigné, Ville de Saint-Nazaire va pour sortir, à droite, mais Village intervient.)* Pas par là, malheureux!

*Ville de Saint-Nazaire sort à gauche.*

BOBO : Vous avez demandé la parole, monsieur le Chanoine. A vous!

DIOUF, *avec effort :* Tout, en moi, vous paraît dérisoire. Je le sais...

ARCHIBALD : N'oubliez pas ceci : nous devons mériter leur réprobation, et les amener à prononcer le jugement qui nous condamnera... Je vous le répète, ils connaissent notre crime...

DIOUF : Laissez-moi tout de même leur proposer un accord, une entente...

ARCHIBALD, *irrité :* Parlez donc s'il vous plaît, monsieur Diouf, mais nous, avec nos yeux clos, nos bouches cousues, nos visages stériles, tâchons de suggérer le désert. Bouclons-nous...

DIOUF, *affolé :* Messieurs, messieurs, mesdames, ne partez pas!

ARCHIBALD, *implacable :* Bouclons-nous! Effaçons-nous, et parlez.

DIOUF : Mais alors, qui m'entendra? *(La Cour éclate de rire.)* Vous? Ce n'est pas possible. *(Il veut parler aux Nègres, mais ils ont fermé les yeux, leurs bouches, et tiennent les mains sur les oreilles.)* Voyons, messieurs, mes amis, ce n'est pas d'un cadavre frais que nous avons besoin. Je voudrais que la cérémonie nous engageât, non dans la haine...

LES NÈGRES, *ironiques, et d'une voix morne :* ... mais dans l'amour!

DIOUF : Si c'est possible, mesdames, messieurs.

LE MISSIONNAIRE : Vous engageât surtout dans votre amour pour nous.

LE VALET : Vous parlez sérieusement, monseigneur?

LE JUGE : Nous daignerons vous entendre.

LE GOUVERNEUR : Quoique, après cette orgie...

DIOUF, *avec un geste apaisant de la main :* Puis-je m'expliquer? Je souhaiterais que le simulacre rétablît en effet dans nos âmes un équilibre que notre misère perpétue, mais qu'il se déroulât d'une façon si harmonieuse qu'ils *(Il indique le public.)* ne voient plus que la beauté, et qu'ils nous reconnaissent en elle qui les dispose à l'amour.

*Long silence.*

BOBO, *rouvrant lentement les yeux :* La traversée du désert fut longue et pénible. Ne découvrant aucune oasis, pauvre Diouf, vous vous serez sans doute ouvert les veines pour boire un peu de sang!

LE MISSIONNAIRE, *après avoir toussé :* Dites-moi, mon cher Vicaire, et l'hostie? Oui, l'hostie? Inventerez-vous une hostie noire? Et faite avec quoi? En pain d'épice, dites-vous? Il est marron.

DIOUF : Mais, monseigneur, nous avons mille ingrédients : nous la teindrons. Une hostie grise...

LE GOUVERNEUR, *intervenant :* Accordez l'hostie grise, vous êtes perdu, il exigera, vous verrez, de nouveaux compromis, de nouvelles étrangetés.

DIOUF, *plaintif :* Blanche d'un côté, noire de l'autre?

LE VALET, *à Diouf :* Auriez-vous la bonté de me renseigner? Car enfin j'ai choisi d'être compréhensif. Où est allé le Nègre avec son colt, tout à l'heure?

ARCHIBALD : Dans la coulisse. *(A Diouf :)* Et taisez-vous. On dirait, ma parole, que vous voulez nous ridiculiser.

DIOUF, *à Archibald :* Monsieur, je m'excuse. Comme vous, je voudrais exalter ma couleur. Sur ma tête comme sur la vôtre, légère et insupportable, est descendue se poser la bonté des Blancs. Sur mon épaule droite leur intelligence, sur la gauche tout un vol de vertus, et quelquefois, dans ma main, en l'ouvrant, je découvrais blottie leur charité. Dans ma solitude nègre, comme vous, j'ai besoin d'exalter mon exquise sauvagerie, mais je suis vieux et je pense...

BOBO : Qui vous le demande? Ce qu'il nous faut, c'est la haine. D'elle naîtront nos idées.

DIOUF, *ironique :* Vous êtes une technicienne, Bobo, mais il n'est pas facile de se déprendre d'une douceur coupable que le cœur appelle. J'ai connu trop de honte pour ne pas désirer pourrir leur âme fastueuse, mais...

ARCHIBALD : Pas de mais, ou sortez! Ma colère n'est pas jouée.

DIOUF : Je t'en prie...

ARCHIBALD : Ne me tutoyez pas. Pas ici. Que la politesse soit portée au point qu'elle en devienne une charge monstrueuse. Elle aussi doit effrayer. Des spectateurs nous observent. Si vous deviez, monsieur, apporter parmi nous la moindre, la plus banale de leurs idées qui ne soit caricaturale, allez-vous-en! Barrez-vous!

BOBO : Ce qui l'arrangerait, c'est son jour.

VILLAGE : Qu'il parle encore. Le son de sa voix me touche.

NEIGE : Bravo! Je m'attendais à votre intervention. Car vous aussi vous redoutez ce moment. Peut-être parce que pour un temps l'action vous séparera de Vertu.

LE GOUVERNEUR, *soudain* : On vous l'a dit : faites donner Village, faites donner Vertu !

> *Les Nègres se regardent un instant, interloqués, puis se résignent.*

VILLAGE, *à Vertu et s'inclinant avec un soupir énorme devant elle* : Madame, je ne vous porte rien de comparable à ce qu'on nomme l'amour. Ce qui se passe en moi est très mystérieux, et ma couleur ne saurait en rendre compte. Quand je vous vis...

ARCHIBALD : Attention, Village, n'allez pas évoquer votre vie hors d'ici.

VILLAGE, *un genou en terre* : ... Quand je vous vis, sur de hauts talons vous marchiez dans la pluie. Vous aviez une robe de soie noire, des bas noirs, un parapluie noir et des souliers vernis. Oh, si je n'étais né en esclavage ! Une étrange émotion m'eût bouleversé, mais nous nous déplacions, vous et moi, à côté du monde, dans sa marge. Nous étions l'ombre, ou l'envers des êtres lumineux... Quand je vous vis, j'eus tout à coup, je crois, durant une seconde, la force de nier tout ce qui n'était pas vous, et de rire devant l'illusion, hélas mes épaules sont bien fragiles. Je ne pus supporter la condamnation du monde. Et je me suis mis à vous haïr quand tout en vous m'eût fait entrevoir l'amour, et que l'amour m'eût rendu insupportable le mépris

45

des hommes, et ce mépris insupportable mon amour pour vous. Exactement, je vous hais.

*Mais depuis un moment la Cour paraît s'agiter. Le Valet semble hurler en silence quelques mots à l'oreille du Gouverneur qui, dans sa direction, a mis sa main en cornet.*

ARCHIBALD, *à la Cour :* Je vous en prie!

LE VALET, *hurlant :* M'Zaïta 20 010!

LE GOUVERNEUR : Les Cafés?

LE VALET, *cependant que toute la Cour est très attentive à ce qu'il dit :* Arabica extra-prima 608-627. Robusta 327-327. Kouilou 315-317.

VILLAGE, *qui avait baissé la tête, la relève pour reprendre son récit :* ... Je ne sais pas si vous êtes belle — j'ai peur que vous ne le soyez. J'ai peur de la ténèbre, crépitante d'étincelles, que vous êtes! Ténèbres, mère auguste de ma Race, Ombre, tunique exacte qui me gante de l'orteil à la paupière, long sommeil où le plus fragile de vos enfants voudrait s'enrouler, je ne sais pas si vous êtes belle, mais vous êtes l'Afrique, ô Nuit monumentale, et je vous hais. Je vous hais de remplir de douceur mes yeux noirs. Je vous hais de m'obliger à ce dur travail qui consiste à vous écarter de moi, à vous haïr. Il suffirait de peu de chose pour que me réjouissent votre visage, votre corps, vos mouvements, votre cœur...

ARCHIBALD : Prenez garde, Village!

VILLAGE, *à Vertu :* Mais je vous hais! *(Aux autres :)* Mais laissez-moi lui dire et vous dire tout le mal que j'endure. Si l'amour nous est refusé, qu'on sache...

BOBO : Nous le savions déjà. Nous aussi nous sommes noirs. Mais nous, pour nous désigner, ce n'est pas de profondeur nocturne que nous parons nos métaphores. Ni d'étoiles. La suie, le cirage, le charbon, le goudron nous suffisent.

DIOUF : Ne lui refusez pas une légère détente. Si sa souffrance est trop forte, qu'il se repose dans la parole.

VILLAGE : Me reposer? Je rappelle ma souffrance à voir ce grand corps luisant marcher sous la pluie. L'eau coulait sur ses pieds...

BOBO : Noirs. Sur ses pieds... noirs!

VILLAGE : Sous la pluie. Vertu marche sous la pluie à la recherche des Blancs, vous le savez. Non, non, il n'y aura pas d'amour pour nous...

*Il hésite.*

VERTU : Tu peux parler. Dans chaque bordel il y a la négresse.

LE GOUVERNEUR, *après s'être raclé la gorge :* Au boxon, cré nom de Dieu! Au boxon cré vingt Dieux! Et j'oblige ma troupe à y faire un saut tous les samedis. Chancres et vérolés, qu'est-ce que j'en ai à foutre, moi? La troupe, ça doit finir éclopée. Au boxon, cré nom de Dieu!

*Toute la Cour applaudit. Le Gouverneur se rengorge.*

VERTU : Qu'on sache donc que la cérémonie de ce soir aura sur moi moins d'efficacité que celle que j'accomplis dix fois par jour. Je suis la seule à aller jusqu'au bout de la honte...

ARCHIBALD : N'évoquez pas votre vie.

VERTU, *ironique* : Vous avez déjà ces délicatesses que les Blancs vous ont refilées. Une putain vous choque.

BOBO : Oui, si elle l'est dans la vie. Nous n'avons pas à connaître vos misères, vos dégoûts particuliers. Cela vous regarde... dans votre chambre.

VILLAGE : Cette cérémonie me fait mal.

ARCHIBALD : A nous aussi. On nous l'a dit, nous sommes de grands enfants. Mais alors, quel domaine nous reste! Le Théâtre! Nous jouerons à nous y réfléchir et lentement nous nous verrons, grand narcisse noir, disparaître dans son eau.

VILLAGE : Je ne veux pas disparaître.

ARCHIBALD : Comme les autres! Il ne demeurera de toi que l'écume de ta rage. Puisqu'on nous renvoie à l'image et qu'on nous y noie, que cette image les fasse grincer des dents!

VILLAGE : Mon corps veut vivre.

ARCHIBALD : Sous leurs yeux tu deviens un spectre et tu vas les hanter.

VILLAGE : J'aime Vertu. Elle m'aime.

ARCHIBALD : Elle, oui, peut-être. Elle a plus de pouvoirs que toi. Il lui arrive de dominer les Blancs — oh, je sais, par son coup de rein magique! Mais c'est encore les dominer. Elle peut donc t'apporter ce qui ressemble le plus à l'amour : la tendresse. Dans ses bras, tu seras son gosse, pas son amant.

VILLAGE, *buté :* Je l'aime.

ARCHIBALD : Tu crois l'aimer. Tu es un Nègre et un comédien. Ni l'un ni l'autre ne connaîtront l'amour. Or ce soir — mais ce soir seulement — nous cessons d'être des comédiens, étant des Nègres. Nous sommes sur cette scène semblables à des coupables qui, en prison, joueraient à être des coupables.

VILLAGE : Nous ne voulons plus être coupables de rien. Vertu sera ma femme.

ARCHIBALD : Alors foutez le camp! Sors! Va-t'en. Emporte-là. Va chez eux *(Il indique le public.)*... s'ils t'acceptent. S'ils vous acceptent. Et si tu réussis à être aimé d'eux, reviens me prévenir. Mais faites-vous d'abord décolorer. Foutez le camp. Descendez. Allez avec eux et soyez spectateurs. Nous, nous serons sauvés par ça. *(Il montre le catafalque.)*

LE VALET, *d'un ton mielleux :* Et si, messieurs, par un beau soir d'été, c'est un homme que vous ramenez dans vos filets, vous changez la scène de séduction en quoi? Avez-vous déjà capturé un menuisier avec sa varlope? Un marinier avec ses péniches, ses écluses, et son linge étendu?

BOBO, *avec beaucoup d'insolence :* Oui, cela nous est arrivé! Nous avons ramassé un ancien chanteur de charme tombé dans la misère et dans l'oubli : empaqueté, et en caisse. Là. *(Elle montre le catafalque.)* Trop heureux de lui prêter, pour la cérémonie, l'apparence d'un gouverneur-général, quand il fut tué sous les yeux de la foule — celle d'hier soir, messieurs-dames. Nous l'expédiâmes au grenier. Où il est encore. *(Elle montre la Cour.)* Ainsi sous nos coups sont tombés une dame impotente et brave, un laitier, un facteur, une remailleuse de bas, un notaire...

> *Horrifiée, la Cour recule.*

LE VALET, *revenant à la charge :* Et si cette nuit-là il n'y avait eu de disponible qu'un gosse de quatre ans qui revienne de chercher le lait? Faites attention à votre réponse, et songez au mal que je me donne pour vous trouver humains...

BOBO : On sait trop ce qu'il deviendra quand il aura trop bu de lait. Et si nous ne trouvons pas de gosses, un vieux cheval, un chien, une poupée peuvent suffire.

VILLAGE : C'est donc toujours de meurtre que nous rêvons?

ARCHIBALD : Toujours et va-t'en!

VILLAGE, *à Vertu, mais encore hésitant :* Viens. Suis-moi.

> *Il fait le geste de descendre vers le public.*

ARCHIBALD, *les retenant :* Non, non, inutile. Puisque nous sommes sur la scène, où tout est relatif, il suffira que je m'en aille à reculons pour réussir l'illusion théâtrale de vous écarter de moi. Je m'en vais. Et je vous joue le bon tour, monsieur le malin, de vous laisser seul avec cette femme. Démerdez-vous. Nous, partons.

> *Archibald, Bobo, Diouf, Neige, Félicité s'éloignent, se détournant et cachant leurs visages dans leurs mains, cependant que soudain une dizaine de masques blancs apparaissent autour de la Cour.*

VILLAGE, *à Vertu :* Vertu, je t'aime.

VERTU : Procédons doucement, Village.

VILLAGE : Je t'aime.

VERTU : C'est un mot facile à dire. Un sentiment facile à feindre, surtout s'il se limite au désir. Mais, tu parles d'amour et tu nous crois seuls ? Regarde.

> *Elle montre la Cour.*

VILLAGE, *épouvanté :* Tant que ça!

VERTU : Tu te voulais libre.

VILLAGE, *toujours plus affolé :* Mais sans eux. Archibald! *(Il crie.)* Archibald! Bobo! *(Tous restent impassibles.)* Neige! *(Il court vers eux, mais ils ne bougent pas. Il revient vers Vertu.)* Vertu? Ils ne s'en iront pas?

VERTU : Ne crains rien. Tu voulais m'aimer. Tu parlais de tout quitter pour...

VILLAGE : Je ne sais pas si j'aurai la force. Maintenant qu'ils sont là...

VERTU, *elle pose sa main sur la bouche de Village :* Tais-toi. Aimons-nous d'abord, si tu en as la force.

*Mais la Cour semble s'émouvoir, sauf la Reine qui somnole. La Cour tape des pieds, s'agite, claque dans ses mains.*

LE GOUVERNEUR : Ils vont tout foutre par terre, nom de Dieu! Qu'on les empêche de poursuivre. *(A la Reine :)* Madame, madame, réveillez-vous!

LE JUGE : La Reine est endormie. *(Un doigt sur sa bouche.)* Elle couve. Quoi? Les verrières de Chartres et les vestiges celtiques.

LE GOUVERNEUR : Qu'on la réveille, nom de Dieu... le coup de la gamelle comme à la caserne...

LE JUGE : Vous êtes fou! Et qui va couver? Vous?

LE GOUVERNEUR, *penaud :* Je n'ai jamais su.

LE VALET : Pas moi non plus. Surtout debout. Car, naturellement, personne n'a vu ma chaise. Une simple chaise en paille, d'ailleurs.

LE MISSIONNAIRE, *agacé :* Ni la mienne. Et je m'en passe, encore que je sois évêque in partibus. Pourtant il faut les empêcher de continuer. Écoutez...

*En bas, Village et Vertu continuent une scène muette où l'on entend les répliques.*

VILLAGE : Notre couleur n'est pas une tache de vinasse qui déchire un visage, notre visage n'est pas un chacal qui dévore ceux qu'il regarde... *(Hurlant :)* Je suis beau, tu es belle, et nous nous aimons! Je suis fort! Si quelqu'un te touchait...

VERTU, *extasiée :* J'en serais heureuse.

> *Village demeure interloqué.*

LE GOUVERNEUR, *à la Cour :* Vous les entendez? Il faut intervenir. Vite. La Reine doit parler. Madame, sautez du lit!

> *Il imite avec sa bouche la sonnerie du clairon : le réveil.*
>
> *Le Juge, le Missionnaire et le Valet sont penchés sur la Reine. Ils se relèvent, navrés.*

LE MISSIONNAIRE : Pas de doute, elle ronfle.

LE GOUVERNEUR : Alors, et cette grande voix? J'écoute.

> *Un léger silence.*

VERTU, *doucement, comme somnambulique*[1] : Je suis la Reine Occidentale à la pâleur de lis! Résultat précieux de tant de siècles travaillés pour un pareil miracle! Immaculée douce à l'œil et à l'âme!... *(Toute la Cour écoute, attentive.)* Soit que je sois en bonne santé, éclatante et rose, soit qu'une langueur me mine, je suis blanche. Si la mort me fixe, c'est dans la couleur de victoire. O nobles pâleurs, colorez mes tempes, mes doigts, mon ventre! Œil, iris aux nuances délicates, iris bleutés, iris des glaciers, iris pervenche, violette, réséda, tabac, gazon anglais, gazon normand, par vous, mais que voit-on?...

---

1. Au théâtre de Lutèce, Blin — et il a eu raison, a ordonné les comédiens de telle façon que Vertu vienne se placer juste au-dessous de la Reine.

*La Reine qui s'est enfin réveillée, stupé-*
*faite, écoute le poème, puis elle va réciter*
*en même temps que Vertu.*

... Blanche, c'est le lait qui m'indique, c'est le
lis, la colombe, la chaux vive et la claire
conscience, c'est la Pologne et son aigle et sa
neige! Neige...

VILLAGE, *soudain lyrique :* Neige? Si l'on veut.
Hante-moi porteur de lances. De mes longues
foulées sombres je parcourais la terre. Contre ce
bloc de nuit en marche, irrité, mais respectueux,
le soleil dardait! Rayons, vous ne traversiez pas
ma ténébreuse unité. J'étais nu.

VERTU ET LA REINE, *ensemble :* ... C'est l'inno-
cence et le matin.

VILLAGE : Convexe, chaque surface de mon
corps était un miroir et tout venait s'y réfléchir :
les poissons, les buffles, le rire des tigres, les
roseaux. Nu? Ou l'épaule couverte d'une feuil-
le? Mon sexe orné de mousse...

VERTU ET LA REINE, *ensemble :* ... Sauf qu'un
peu d'ombre est restée sous mon aisselle...

VILLAGE, *toujours plus frénétique :* ... de
mousse, ou d'algues? Je ne chantais pas, je ne
dansais pas. Debout, royal, pour tout dire, une
main sur la hanche, insolent, je pissais. Aïe!
Aïe! Aïe! J'ai rampé dans les cotonniers. Les
chiens ont reniflé ma trace. J'ai mordu mes
chaînes et mes poignets. L'esclavage m'a
enseigné la danse et le chant.

VERTU, *seule :* ... un cerne bistre, violet,
presque noir, gagne ma joue. La nuit...

VILLAGE : ... Je suis mort dans la cale des Négriers...

> *Vertu s'approche de lui.*

VERTU et LA REINE : Je t'aime.

VILLAGE : Je meurs à n'en plus finir.

LA REINE, *soudain éveillée* : Assez! Et faites-les taire, ils ont volé ma voix! Au secours...

> *Soudain, Félicité se lève. Tout le monde la regarde, se tait, et l'écoute.*

FÉLICITÉ : Dahomey!... Dahomey!... A mon secours, Nègres de tous les coins du monde. Venez! Entrez! Mais pas ailleurs qu'en moi. Que me gonfle votre tumulte! Venez. Bousculez-vous. Pénétrez par où vous voudrez : la bouche, l'oreille — ou par mes narines. Narines, conques énormes, gloire de ma race, pavillons ténébreux, tunnels, grottes béantes où des bataillons enrhumés sont à l'aise! Géante à la tête renversée, je vous attends. Entrez en moi, multitude, et soyez, pour ce soir, seulement, ma force et ma raison.

> *Elle se rassied. Le dialogue continue.*

LA REINE, *très solennelle et presque défaillante* : Ariane, ma sœur, de quel amour, je meurs...

LE VALET : Madame se meurt!

LA REINE : Pas encore! A moi, vierges du Parthénon, ange du portail de Reims, colonnes valériennes, Musset, Chopin, Vincent d'Indy, cuisine française, Soldat Inconnu, chansons tyroliennes, principes cartésiens, ordonnance de

Le Nôtre, coquelicots, bleuets, un brin de coquetterie, jardins de curés...

TOUTE LA COUR : Madame, nous sommes là.

LA REINE : Ah, vous me faites du bien. Je me croyais abandonnée ! C'est qu'ils me feraient du mal !

LE JUGE : Ne craignez que dale, il reste nos lois.

LE MISSIONNAIRE, *à la Reine, et tourné vers elle :* Prenez patience. Il n'y a que quelques minutes que nous sommes entrés dans cette longue agonie, dont ils se régalent. Montrons-leur un visage digne. C'est pour leur plaire que nous allons mourir...

LA REINE : Ne pourrait-on pas précipiter le dénouement ? Je suis lasse et leur odeur me suffoque.

> *Elle feint de s'évanouir.*

LE MISSIONNAIRE : Impossible. Ils ont réglé tous les détails, non d'après leurs propres forces, mais d'après notre épuisement.

LA REINE, *d'une voix mourante :* Et nous sommes encore trop vifs, n'est-ce pas ? Pourtant, c'est tout mon sang qui s'en va.

> *A ce moment, Archibald, Diouf, Neige et Bobo se redressent, se retournent et s'approchent de Village.*

ARCHIBALD : Village, pour la dernière fois, je vous en conjure...

VILLAGE : Pour la dernière fois ? Ce soir ? *(Soudain décidé.)* Je suis d'accord. Ce soir, pour la dernière fois. Mais il faudra m'aider : vous m'aiderez ? M'exciter : vous m'exciterez ?

NEIGE : Moi la première, parce que j'en ai assez de vos lâchetés.

VILLAGE, *montrant le catafalque :* C'est moi qui l'ai tuée et vous m'accusez !

NEIGE : Cela vous a coûté.

VILLAGE : Qu'en savez-vous ? Vous étiez cachée dans le jardin, vous m'attendiez sous les acacias. Vous, vous auriez pu voir mon hésitation ? Quand dans le crépuscule vous mâchiez des fleurs, je la saignais sans broncher.

NEIGE : Oui, mais depuis vous parlez d'elle avec tendresse.

VILLAGE : Non d'elle, mais de mon geste.

NEIGE : Vous mentez !

VILLAGE : Vous m'aimez !

> *Toute la troupe, dès lors, va être animée d'un mouvement de plus en plus délirant.*

NEIGE : Vous mentez. Quand vous parlez d'elle, sur vos grosses lèvres, dans vos yeux malades, il passe une telle douceur, une si poignante tristesse que j'entrevois, monsieur, apparaître en personne la Nostalgie. Ce n'était pas votre geste que vous me décriviez en parlant de sa robe bleue retroussée, ni votre colère en décrivant sa bouche et ses dents, ni la résistance de la chair au couteau en racontant sa paupière bistrée, ni votre nausée en évoquant, sur le tapis, la chute de son corps...

VILLAGE : Menteuse !

NEIGE : ... ni notre misère en songeant à sa pâleur ni votre peur de la police en dessinant ses chevilles, vous récitiez un grand amour. Venu de loin, de l'Oubangui ou du Tanganaïka, un immense amour venait mourir ici, lécher des chevilles blanches. Vous étiez, Nègre, amoureux. Comme un sergent de la Coloniale.

> *Elle tombe, épuisée, par terre, mais Bobo et Archibald la relèvent. Bobo lui donne une claque.*

BOBO, *soutenant la tête de Neige, comme si elle vomissait :* Continuez. Videz-vous. Videz ! Videz !

> *Village s'énerve de plus en plus.*

NEIGE, *comme cherchant d'autres insultes et les vomissant avec des hoquets :* Jurez ! Comme d'autres changent de familles, de villes, de pays, de noms, changent de Dieux, jurez que vous n'avez pas eu l'idée de changer de couleur pour l'atteindre. Mais ne pouvant pourtant songer au blanc royal, vous vous êtes désiré une peau verte : elle vous est restée !

VILLAGE, *comme agacé :* Vous n'y comprenez rien. Pour la rendre amoureuse, pour l'attirer, j'avais dû danser mon vol nuptial. Mes élytres battaient. A la fin, épuisé, je mourus. Mon corps abandonné, peut-être est-elle entrée quand je me reposais de ma danse — ou pendant, je n'en sais rien ?

NEIGE : Tu avoues donc !

VILLAGE : Rien ! Je sais seulement que je l'ai

tuée, puisqu'elle est là. (*Il montre le catafalque.*)
Je sais seulement qu'un soir, descendu à la
chasse dans les rues, à la chasse à la Blanche, j'ai
tué celle-ci que je vous ai ramenée.

> *Mais tous tournent la tête : M*me *Féli-*
> *cité descend de son trône, très majestueuse.*
> *Elle s'approche du catafalque, se baisse, et*
> *sous le drap passe quelques graines.*

BOBO : Déjà!

FÉLICITÉ : Je ne la gave pas, vous savez.
Pourtant, il vaut mieux qu'elle ne dépérisse pas.

DIOUF : Et qu'est-ce qu'elle mange? Du riz?

FÉLICITÉ : Du blé.

> *En silence, elle regagne sa place.*

BOBO : Tiens, il y a longtemps qu'on ne
s'occupait plus de monsieur Diouf. Regardez-le
comme il a repris de l'aisance, il en installe, ma
parole.

DIOUF, *apeuré :* Madame...

BOBO : Quoi, madame? Vous, madame. Son
œil brille : est-ce qu'il voit déjà son voluptueux
décolleté désiré par le Nègre?

DIOUF, *effrayé :* Madame! Bobo! J'ai eu tort
de venir ce soir. Laissez-moi partir. C'est de
Village qu'il faut s'occuper. C'est lui qu'on doit
pousser au rouge!

ARCHIBALD : Village aura sa part. Son crime le
sauve. S'il l'a accompli dans la haine...

VILLAGE, *hurlant :* Mais c'est dans la haine!
En doutez-vous? Tous, ici, seriez-vous fous?

Dites, mesdames, messieurs, êtes-vous fous ?
Elle était debout, derrière son comptoir.

> *Un long silence. Les acteurs semblent suspendus aux lèvres de Village.*

NEIGE : Vous aviez dit d'abord, assise à sa machine à coudre.

VILLAGE, *buté :* Elle était debout, derrière son comptoir.

> *Tous sont attentifs.*

BOBO : Eh bien, qu'a-t-elle fait ?

VILLAGE : Nègres, je vous en supplie ! Elle était, debout...

ARCHIBALD, *grave :* Je vous ordonne d'être noir jusque dans vos veines et d'y charrier du sang noir. Que l'Afrique y circule. Que les Nègres se nègrent. Qu'ils s'obstinent jusqu'à la folie dans ce qu'on les condamne à être, dans leur ébène, dans leur odeur, dans l'œil jaune, dans leurs goûts cannibales. Qu'ils ne se contentent pas de manger les Blancs, mais qu'ils se cuisent entre eux. Qu'ils inventent des recettes pour les tibias, les rotules, les jarrets, les lèvres épaisses, que sais-je, des sauces inconnues, des hoquets, des rots, des pets, qui gonfleront un jazz délétère, une peinture, une danse criminelles. Que si l'on change à notre égard, Nègres, ce ne soit par l'indulgence, mais la terreur ! *(A Diouf :)* Et vous, monsieur le Grand Vicaire, pour qui le Christ est mort en croix, il faut vous décider. *(A Village :)* Quant à Village, qu'il continue son boniment. Elle était donc debout derrière son comptoir. Et qu'a-t-elle fait? Qu'a-t-elle dit? Et vous, qu'avez-vous fait pour nous?

VILLAGE, *indiquant Archibald :* Elle était là, où vous êtes.

ARCHIBALD, *reculant :* Non, non, pas moi.

VILLAGE, *dansant devant le cercueil :* Alors, qui? *(Personne ne répond.)* Alors, qui? Vous voulez que j'ouvre le cercueil et que je recommence avec elle morte ce que j'ai fait avec elle vivante? Vous savez bien que je dois en donner une représentation. Il me faut un comparse. Ce soir, je mène jusqu'au bout la représentation. Ce soir je joue la Belle. Qui m'aidera? Qui? Après tout, cela n'a guère d'importance, que ce soit l'un ou l'autre. Les Blancs, c'est bien connu, distinguent difficilement un Nègre d'un Nègre.

> *Tous regardent Félicité. Elle hésite, se dresse enfin, et parle.*

FÉLICITÉ : Monsieur... Samba Graham Diouf! C'est à vous.

DIOUF, *peureux :* Mais madame...

FÉLICITÉ : Ce soir vous êtes la morte. En place.

> *Lentement, solennellement, chacun prend sa place. Diouf vient se placer devant le catafalque, face au public.*

FÉLICITÉ, *se rasseyant :* Apportez les ustensiles.

*Bobo, de derrière le paravent de droite, apporte une console supportant une perruque blonde; un masque grossier de carnaval, en carton, représentant une femme blanche aux grosses joues et riant; un tricot rose commencé, avec deux pelotes de laine et un crochet, et des gants blancs.*

FÉLICITÉ : Monsieur Diouf, faites votre déclaration. Vous connaissez la formule, j'espère.

DIOUF, *face au public :* Moi, Samba Graham Diouf, né dans les marécages de l'Oubangui Chari, tristement je vous dis adieu. Je n'ai pas peur. Qu'on m'ouvre la porte, j'entrerai, je descendrai dans la mort que vous me préparez.

FÉLICITÉ : Bien. Passons aux adieux.

*Diouf reste debout devant le catafalque, cependant que les autres acteurs se placent en une file, vers la gauche, et marchent doucement, à reculons, en agitant doucement un petit mouchoir que les hommes ont tiré de leurs poches et les femmes de leur sein. Ils reculeront ainsi, très lentement, tournant derrière le catafalque, cependant que Diouf, pour les remercier, ne cesse de saluer, face au public. Ils chantent à mi-voix une sorte de berceuse.*

TOUS, *chantant :*

> Sifflez gentils merles
> Petits négrillons agiles
> Vous nagez dans l'eau
> Comme des oiseaux,

Des oiseaux des Iles.
Mes charmants coquins
Faites gaffe aux requins.
Sur l'azur une tache rouge
Descendez encore et dormez
Sur d'invisibles pelouses
J'ai mes sanglots pour me consoler.

*Diouf les salue et remercie.*

DIOUF : Votre chant était très beau, et votre tristesse m'honore. Je vais faire mes premiers pas dans un monde nouveau. Si j'en remonte, je vous dirai ce qu'il s'y passe. Grand Pays Noirs, je te dis adieu.

*Il salue.*

ARCHIBALD : Et maintenant, en ordre pour le masque !

DIOUF, *geignard :* Vous êtes sûrs qu'on ne pourrait pas se passer du simulacre ? Regardez autour de vous, on arrive à se passer de tout, de sel, de tabac, du métro, des femmes, et même des dragées pour les baptêmes et des œufs pour les omelettes.

ARCHIBALD : J'ai dit : continuons. Les ustensiles.

*Chaque acteur apporte cérémonieusement la perruque, le masque et les gants dont on orne Diouf. Ainsi paré, il prend le tricot. Pendant ce temps, Village s'impatiente.*

ARCHIBALD, *à Village :* On vous écoute.

VILLAGE, *se reculant comme pour juger de l'effet :* Comme vous le savez, j'étais entré pour boire un verre après le boulot...

BOBO : Halte! Tu es trop pâle.

> *Elle court à la boîte de cirage et revient maquiller de noir le visage et les mains de Village, sur lesquels elle crache et frotte.*

BOBO : Et si maintenant elle ne claque pas des dents !

VILLAGE : Elle était donc là... *(Soudain il s'arrête et semble chercher.)* Vous êtes sûrs que c'est utile d'aller jusqu'au bout?

NEIGE : Tout à l'heure vous n'hésitiez pas à m'insulter, et vous n'auriez pas la force de tuer une Blanche déjà morte?

BOBO : Neige a raison et toujours raison. Vos hésitations nous dérangent. Nous commencions à baver d'impatience.

ARCHIBALD, *en colère :* Rentrez ce mot, Bobo. Ce n'est pas une séance d'hystérie collective, c'est une cérémonie.

BOBO, *au public :* Pardon, messieurs, pardon, mesdames.

VILLAGE : Elle était donc là... Mais, Nègres, on a oublié les insultes.

> *Tous se regardent.*

ARCHIBALD : C'est juste. Il a raison. C'est à vous, Vertu. Et faites-les sonner, haut, clair, droit.

*Vertu récite une litanie comme on récite à l'église les litanies de la Vierge, d'une voix monocorde.*

*Litanies des Blêmes récitées par Vertu qui est inclinée devant Diouf.*

VERTU :
Blêmes comme le râle d'un tubar,
Blêmes comme ce que lâche le cul d'un homme
    atteint de jaunisse,
Blêmes comme le ventre d'un cobra,
Blêmes comme leurs condamnés à mort,
Blêmes comme le dieu qu'ils grignotent le matin,
Blêmes comme un couteau dans la nuit,
Blêmes... sauf : les Anglais, les Allemands et les
    Belges qui sont rouges... Blêmes comme la
    Jalousie,
Je vous salue, Blêmes !

*Vertu s'écarte. Neige prend sa place et, après avoir salué Diouf :*

NEIGE : Moi aussi, je vous salue, Tour d'Ivoire, Porte du Ciel, ouverte à deux battants pour qu'entre, majestueux et puant, le Nègre. Mais que vous êtes blême ! Quel mal vous ravage ? Jouerez-vous ce soir la Dame aux camélias ? Merveille que le mal qui vous fait toujours plus blanche et vous conduit à la blancheur définitive. *(Elle éclate de rire.)* Mais qu'est-ce que je vois couler sur vos bas de coton noir ? C'était donc vrai, Seigneur Jésus, que derrière le masque d'un Blanc pris au piège

65

tremble de frousse un pauvre Nègre? *(Elle se recule et dit à Bobo :)* A toi.

BOBO : A nous deux!

> *Elle retrousse ses jupes et danse une danse obscène.*

ARCHIBALD : Bien. A vous, Village.

VILLAGE : Je ne sais si je pourrai...

ARCHIBALD, *furieux :* Quoi? Vous avez encore changé de ton? A qui parlez-vous? De quoi parlez-vous? Ici c'est le théâtre, non la ville. Le théâtre, et le drame, et le crime.

VILLAGE, *tout à coup furieux, il semble s'élancer, fait un geste comme pour écarter tout le monde :* Écartez-vous! J'entre. *(Il s'était reculé, et il avance.)* J'entre. Et je pète. Porté lourdement sur mes cuisses, colonnes de fonte. Et je m'apporte. Je regarde un peu autour de moi...

BOBO : Vous mentez. Sournois, hier vous êtes entré avec circonspection. Vous déformez.

VILLAGE, *reprenant :* J'entre. Et je m'approche, doucement. Je jette un coup d'œil furtif. Je regarde. A droite. A gauche. « Bonjour madame. » *(Il salue Diouf qui, à son tour, fait la révérence, son tricot à la main.)* Bonjour, madame. Il ne fait pas chaud. *(Tous tendent l'oreille pour écouter ce que dit le Masque. Il se tait, mais les acteurs ont dû l'entendre, car ils se redressent en riant, de leur rire orchestré.)* Il ne fait pas chaud. Je suis entré un moment. J'ai eu cette audace. Ici au moins il fait bon. Vous tricotez un passe-montagne? Rose? La lumière est très douce. Elle convient bien à votre joli visage. Oui, je boirai un verre de rhum. Je boirai la goutte. *(Sur un autre ton, et s'adressant aux Nègres :)* Je suis dans le ton?

TOUS, *haletants :* Oui!

VILLAGE : La lune — car il faisait presque nuit — s'est levée, habilement, sur un paysage peuplé d'insectes. C'est un pays lointain, madame, mais que tout mon corps pourrait vous réciter. Écoutez chanter mes cuisses! Écoutez! *(Soudain il s'interrompt et désigne le masque qui tricote.)* Mais il n'a pas de jupon! Qu'est-ce que c'est que cette mascarade? J'arrête ma tirade si on ne lui fout pas une jupe.

ARCHIBALD : Neige, ton châle...

NEIGE : En tulle? Il va marcher dedans et le crever.

ARCHIBALD : Alors, personne n'a rien à lui tendre?

> *Tous sont silencieux, mais soudain se lève Félicité. Elle retire son jupon et le lance à Diouf.*

FÉLICITÉ : Enfile. Ça cachera tes bottes.

> *Diouf s'arrête de tricoter. On lui passe le jupon.*

VILLAGE : Je reprends plus haut... « La lune »...

BOBO : Pas du tout, c'est déjà récité.

VILLAGE, *résigné :* Bien. Je continue. Écoutez chanter mes cuisses, car... *(Un temps, assez long, pendant lequel il feint d'avoir une grave révélation à faire.)*... car mes cuisses la fascinaient. *(Avec fatuité.)* Interrogez-la. *(Les Nègres s'approchent du masque et murmurent à son oreille. Le masque reste silencieux, mais les Nègres éclatent de rire.)* Vous voyez! Elle a même le culot de s'en vanter! *(Un temps.)* Mais c'est pas tout ça, faut que ça rigole! Dans le grenier où on la fait coucher, j'entendais la mère appeler pour la potion du soir. *(Un temps bref, puis, à Félicité.)* Eh bien, c'est à vous. Faites la Mère.

FÉLICITÉ, *imitant une malade plaintive, les yeux levés au plafond :* Ma-a-arie! Ma-a-arie! C'est l'heure de mes pralines et de mon aspirine, ma fille! Et c'est l'heure de la prière.

> *Le masque semble se diriger vers la voix, il fait quelques pas menus du côté de Félicité, mais, calme et dur, Village s'interpose.*

VILLAGE, *prenant une voix de femme :* Oui, bonne-maman, tout de suite. L'eau chauffe. Je repasse encore deux ou trois draps et je vous monte vos pralines. *(Au masque :)* Doucement, fillette. De la vieille taupe tu t'en fous. Comme moi. Elle a fait son temps. Qu'elle crève si elle veut pas sucer des pralines. Toi, si tu fais chauffer de l'eau, c'est pour après la fête. Quoi, qu'est-ce...

FÉLICITÉ : Ma-a-rie! Ma petite fille bien-aimée, c'est l'heure de mes pralines. Quand il était encore juge au tribunal, ton père m'en apportait toujours une à cette heure-ci : entre chien et loup. Ne me laisse pas seule au grenier. *(Un temps.)* Et méfie-toi, y a la boulangère qui vient.

ARCHIBALD, *à Bobo, qu'il pousse vers la coulisse :* C'est à vous. Entrez.

> *Vertu a reculé jusqu'à la coulisse, et elle avance en hésitant, comme si elle était dans un cortège.*

BOBO, *en voisine :* Bonsoir, Marie. Vous n'êtes pas là? Mon Dieu qu'il fait noir. Comme dit quelquefois, en termes galants, notre garde-champêtre : il y fait noir comme dans le trou du cul d'un nègre. — Oh! pardon, d'un Noir. Il faut être polie. *(Un temps.)* Comment, vous faites votre caisse? Ah bon, alors, je reviendrai demain. Je sais ce que c'est. Je comprends les choses. Au revoir et bonsoir, madame Marie.

> *Elle imite tous les gestes de la sortie, mais elle restera en scène, près de la coulisse, le regard dirigé vers l'extérieur, fixée dans une attitude de départ.*

VILLAGE, *reprenant le ton du récit solennel :* J'étais donc tapi dans l'ombre. Et je lui murmurais : écoutez chanter mes cuisses. Écoutez! *(Il fait saillir sous son pantalon sa cuisse.)* Ce bruit, c'est le miaulement des panthères et des tigres. Elles plient? Mes léopards s'étirent. Si je me déboutonne, c'est un aigle des Grands Empires qui fondra de nos neiges jusqu'à vos Pyrénées. Mais... je ne tiens pas à me déboutonner. Les feux s'allument. Sous nos doigts secs, les tambours... *(Tous commencent à danser sur place, — même Bobo regardant la coulisse, même la Cour, mais non le Masque — et à battre très doucement des mains.)* Ensuite, dans la clairière, c'était la danse! *(Il se tourne vers ses camarades.)* Car il fallait bien, n'est-ce pas, que je l'ensorcelle. Mon but était donc de l'attirer doucement vers sa chambre. La porte du magasin donnait sur la rue, la vieille garce mourait au plafond...

FÉLICITÉ, *imitant la vieille Mère :* Pralines! Pra-a-alines! Prières! Pri-i-ières! C'est l'heure de ta prière! N'oublie pas!

VILLAGE, *très irrité :* Elle va tout faire louper. *(Il reprend, pour la phrase qui suit, la voix de femme.)* J'ai encore une layette à finir, bonne-maman, et je suis à vous. *(Reprenant le ton du récit solennel.)* Je demandai un second verre de rhum. L'alcool alluma mon génie. Comme on dit, j'en avais un coup dans l'aile. Dans mon œil, je fis passer en grand tralala nos guerriers, nos maladies, nos alligators, nos amazones, nos paillottes, nos chasses, nos cataractes, notre coton, la lèpre même et jusqu'à cent mille adolescents crevés dans la poussière; sur mes dents je laissai filer la plus aiguë de nos pirogues; comme si j'allais danser le tango, une main dans la poche, je m'approchai, et je dis : « Chère Madame, il ne fait pas beau dehors. » Elle me répondit : *(Comme tout à l'heure, tous écoutent le Masque qui se tait, puis ils éclatent de leur habituel rire orchestré.)*... Oui, vous avez tout à fait raison. Il faut être prudent. On parle beaucoup dans la province.

BOBO, *elle feint de revenir et de vouloir entrer dans la boutique :* Madame Marie, vous n'avez toujours pas allumé? Vous allez vous abîmer les yeux, à travailler dans le noir. *(Un temps.)* J'entends quelqu'un siffler dans le chemin, c'est sans doute votre mari. Bonne nuit, Marie.

> *Même mimique que précédemment. Pendant tout ce temps. Village a paru avoir très peur d'être découvert.*

VILLAGE, *ton du récit :* Les précautions en effet ne sont jamais trop grandes : les soleils tournent autour de la Terre...

FÉLICITÉ, *imitant la vieille mère :* Ma-a-arie! Pra-a-a-line! Il faut te méfier de la nuit, fillette. La nuit tous les chats sont gris, et on oublie de donner la praline du soir à sa vieille mère. *(Un temps.)* Dis à ta sœur Suzanne de rentrer.

VILLAGE, *prenant la voix d'une femme :* Suzanne! Suzanne! Où es-tu?

NEIGE, *elle a couru derrière le catafalque, où elle se cache :* Je suis là, voyons. Je suis dans le jardin.

VILLAGE, *retenant le Masque qui semble vouloir se diriger vers le catafalque, et imitant toujours la voix d'une femme :* Est-ce que tu es toute seule, dans le jardin?

LE MISSIONNAIRE, *à Archibald :* A vous, Archibald.

71

*Archibald court jusqu'à la coulisse de gauche, et d'où il semble arriver maintenant, d'un pas nonchalant, en sifflotant. En réalité, il reste sur place, imitant la marche.*

NEIGE : Je suis toute seule, toute seule. Et je joue aux osselets.

VILLAGE, *toujours d'une voix de femme :* Méfie-toi, Suzanne, et surtout des rôdeurs. Le pays n'est pas sûr depuis qu'on recrute des aviateurs en Guinée.

VOIX DE NEIGE : En Guinée! Des aviateurs!

VILLAGE, *voix du récit :* En Guinée, salope!... les soleils tournent autour de la Terre, les aigles fondent sur nos champs de bataille... fermons donc la fenêtre. Elle fit celle qui ne veut pas comprendre. Galant, je fermai la fenêtre. La neige tombait sur la ville.

VERTU, *affolée, et se précipitant vers lui :* Ne continue pas.

BOBO, *toujours fixée dans un mouvement de sortie, mais détournant la tête pour jeter ce qui suit :* Mais regardez comme il se donne. Il écume. Il fume! C'est du mirage!

VERTU : Village, je te le demande, cesse.

VILLAGE, *regardant Vertu :* La limpidité de votre œil bleu, cette larme qui brille au coin, votre gorge de ciel...

VERTU : Tu délires, à qui parles-tu?

VILLAGE, *regardant toujours Vertu :* Je vous aime et je n'en puis plus.

VERTU, *hurlant :* Village!

NEIGE, *sortant la tête de derrière le catafalque, le temps qu'il faut pour la réplique qui suit :* Mais, ma chère, il ne s'agit pas de vous, vous auriez pu vous en apercevoir.

VILLAGE, *se tournant lentement vers le Masque qui continue, d'une façon machinale, son tricot :* Vos pieds dont la plante a la couleur des pervenches, vos pieds vernis sur le dessus, ils se promenaient sur le ciment...

VERTU : Tu me l'as déjà dit. Tais-toi.

ARCHIBALD, *il interrompt son sifflotement silencieux et sa marche immobile pour prendre un visage courroucé et dire ce qui suit :* Nègres, je me fâche. Ou nous continuons le simulacre, ou nous sortons.

VILLAGE, *imperturbable et définitivement tourné vers le Masque :* Les plus doux de vos mouvements vous dessinent de si belle manière que je vous sens portée par le vent quand je suis sur votre épaule. Le cerne de votre œil me blesse. Quand vous irez, madame... allez. *(Au public :)* Car elle ne venait pas, elle allait. Elle allait à sa chambre à coucher...

FÉLICITÉ, *imitant la vieille femme :* Ma praline et ma prière!

VOIX DE NEIGE : Oui, oui, je suis toute seule dans le jardin, à cheval sur le jet d'eau.

BOBO, *semblant revenir :* Bonsoir, Marie. Fermez bien votre porte.

VILLAGE, *voix du récit :* ... à sa chambre à coucher, où je la suivis pour l'étrangler. *(Au*

*Masque :)* Avance, salope. Et va te laver. *(Au public :)* Il fallait faire vite, le cocu s'apportait. *(Le Masque va pour se mettre en marche.)* Stop! *(Au public.)* Mais avant, que je vous montre ce que je sus tirer d'elle, captive et domptée...

LE JUGE : Mais Vertu, elle joue quel rôle, dans le crime?

> Archibald et Bobo tournent la tête, Neige montre la sienne, ils semblent très intéressés.

VILLAGE, *après un temps d'hésitation :* Aucun. Elle n'a jamais cessé d'être présente, à mes côtés, sous sa forme immortelle. *(Au public :)*... captive et domptée. Car elle était habile et réputée parmi ceux de sa race. Venez. Faites le cercle. *(Il feint de parler à la fois au public et à d'invisibles Nègres qui seraient sur la scène.)* Pas trop près. Là. Je vais donc la faire travailler. *(Au Masque :)* Tu es prête?

LE JUGE : Non, non, il vaut mieux utiliser le vous.

VILLAGE : Vous y tenez tellement?

LE JUGE : Oui. C'est mieux. Ne craignez pas d'établir de la distance.

VILLAGE : Comme vous voudrez. *(Au public :)* Elle sait jouer du piano. Très, très bien. Si quelqu'un veut tenir un instant son tricot? *(Il s'adresse directement au public, jusqu'à ce qu'un spectateur monte sur la scène et prenne le crochet des mains du Masque. Au spectateur :)* Merci, monsieur (ou madame). *(Au Masque :)*

Jouez-nous donc une mélodie de Charles Gounod. *(Docile, le Masque s'assied sur un invisible tabouret et joue, face au public, sur un invisible piano.)* Stop!

*Il cesse de jouer. La Cour applaudit.*

LA REINE, *minaudant* : Parfaite, parfaite, elle a été presque trop parfaite. Même dans l'adversité, dans la débâcle, nos mélodies chanteront.

LE VALET, *à Village* : Que sait-elle faire encore?

VILLAGE : Elle tricote, comme vous l'avez vu, des passe-montagnes, pour les petits ramoneurs. Le dimanche, elle chante à l'harmonium. Elle prie. *(Au Masque :)* A genoux! *(Il s'agenouille.)* Les mains jointes. Les yeux au ciel. Bien. Priez! *(Toute la Cour applaudit avec une élégante distinction.)* — Elle réussit encore bien d'autres choses. Elle peint à l'aquarelle et elle rince les verres.

FÉLICITÉ, *voix de la vieille Mère* : Marie! Ma-a-arie! Ma pra-a-aline, ma fille! C'est l'heure.

VILLAGE, *voix de femme* : Tout de suite, bonne-maman. Je finis de rincer des verres. *(Voix du récit :)* Un jour même elle grilla dans les flammes...

LA COUR, *sauf le Missionnaire* : Vite, racontez vite!

LE MISSIONNAIRE : Vous oseriez rappeler cette méchante affaire?

LE VALET, *au Missionnaire :* Vous ne l'avez pas mise au ciel, depuis ?

LA REINE : Mais, que veulent-ils ?

VILLAGE : Sur son cheval, caracolant parmi les oriflammes, on la prit un jour, on l'enferma et on la brûla.

NEIGE, *montrant sa tête, et riant aux éclats :* Ensuite on mangea les morceaux.

LA REINE, *dans un cri déchirant :* Ma Sainte !

> *Elle sort en se cachant le visage et poussant d'énormes sanglots; le Valet l'accompagne.*

VILLAGE : Mais, le plus souvent, elle fait ce qu'elle peut. Quand c'est l'heure, elle appelle la sage-femme... *(A Bobo :)* A toi, Bobo.

> *Bobo s'approche du masque et lui parle avec douceur.*

BOBO : Il vaudrait mieux vous allonger, pour ne pas trop souffrir. *(Elle écoute le masque qui ne répond rien.)* Votre fierté ?... Bon. Restez debout.

> *Elle s'agenouille, et passe la main sous les jupons du masque d'où elle retire une poupée haute d'environ 60 centimètres, et représentant le Gouverneur.*

LE GOUVERNEUR, *à la Cour :* J'arrive au monde ! Botté, décoré...

> *Mais Bobo cherche encore et ramène une poupée : le Valet.*

LE VALET : C'est ma gueule qui s'apporte !...

*Bobo cherche et sort le Juge.*

LE JUGE, *étonné :* Moi?

LE GOUVERNEUR, *au Juge :* C'est bien vous, craché!

*Bobo ramène le Missionnaire.*

LE MISSIONNAIRE : Les voies de la Providence...

LA REINE, *très intéressée :* Je voudrais bien me voir sortir de là...

*Bobo sort une poupée représentant la Reine.*

LA REINE, *délivrée :* Et voilà! C'est debout que ma mère m'a chiée!

*Les Nègres ont disposé les poupées à gauche de la scène, sous le balcon où est la Cour. Ils les contemplent un instant, puis reprennent leur récit.*

NEIGE, *toujours immobilisée dans une pose de sortie, comme si elle allait pénétrer dans la coulisse de droite, et tournant la tête :* En tous les cas, celle qui pourrit dans la caisse n'aura jamais été à pareille fête.

*Sort le Gouverneur.*

VILLAGE : Ne parlons plus d'elle. *(Au spectateur qui tenait le crochet :)* Rendez-lui son tricot. Merci, monsieur, vous êtes libre. *(Le spectateur regagne sa place.) (Au Masque :)* Et maintenant, reprenons. Allez, madame... *(Très lentement, le Masque se met en marche en direction du paravent de droite.)* Marchez! Vous possédez ce soir la plus belle démarche du royaume. *(Au public.)* Comme vous le voyez, le mari arrivait trop tard. Il ne trouvera que le cadavre, éventré mais chaud, de son épouse. *(Au Masque qui s'était arrêté, mais qui reprend sa marche :)* Ce n'est plus un Nègre que vous traînez à vos jupes, c'est un marché d'esclaves tirant la langue. Avancez toujours. Parce que vous m'avez fait cadeau d'un verre de rhum, vous croyez... hein, salope! Tirez-moi vers vos dentelles... *(Ils avancent tous les deux, le Masque précédant Village, très lentement en direction du paravent)*... Sous vos robes vous portez bien quelque jupon noir plus soyeux que mon regard...

VERTU, *tombant à genoux :* Village!

VILLAGE, *au Masque :* Marchez plus vite, je suis pressé. Suivez le corridor. Tournez à droite. Bien. Vous connaissez la porte de votre chambre? Ouvrez. Comme vous marchez bien, croupe familière et noble! *(Ils montent les marches et vont passer derrière le paravent. Mais avant d'y suivre le Masque, Village se tourne vers le public.)* On me suit? *(Aux Nègres :)* Vous me suivez? *(Les Nègres, c'est-à-dire Archibald, Bobo et Neige, — Vertu restant agenouillée, — viennent se placer derrière lui, en théorie, battant doucement des pieds et des mains.)* Mais si j'allais trop loin, arrêtez-moi.

*Rentre le Gouverneur.*

LE JUGE : Que fait la Reine?

LE GOUVERNEUR : Elle pleure, monsieur. Des

torrents coulent de ses yeux, et descendent jusqu'aux plaines qu'hélas ils ne pourront féconder, car c'est de l'eau chaude et salée.

LE MISSIONNAIRE : A-t-elle besoin de la religion?

LE VALET : Je vais la consoler, j'ai ce qu'il faut.

TOUS, *à Village, sauf Vertu :* Nous t'aiderons. Ne crains rien. Marche toujours.

VILLAGE, *implorant :* Dites, Nègres, si je ne pouvais plus m'arrêter?

TOUS, *sauf Vertu :* Avance!

BOBO : Leur valet t'a donné l'exemple. Il est déjà chez la Reine.

VILLAGE, *il plie un genou :* Nègres, je vous en prie...

BOBO, *riant :* Entre dans la turne, flemmard!

NEIGE, *elle s'agenouille :* Fais jaillir des torrents. Après ceux de ton sperme, ceux de son sang. *(Elle met ses mains en coquille :)* Je le boirai, Village. Je m'en laverai le menton, le ventre, les épaules...

VILLAGE, *une main gantée de blanc — celle du masque qui est derrière le paravent, se pose sur son épaule où elle va demeurer :* Mes amis, mes amis, je vous le demande...

TOUS, *toujours battant doucement des mains et des pieds :* Entre dans la chambre. Elle est déjà couchée. Elle a posé son tricot. Elle appelle ton grand corps d'ébonite. Elle a soufflé la bougie. Elle fait le noir pour te mettre à ton aise!

VILLAGE : Mes amis...

FÉLICITÉ, *se dressant soudain :* Dahomey!...
Dahomey!... A mon secours, Nègres! Tous.
Sous vos blancs parasols, messieurs de Tom-
bouctou, entrez. Mettez-vous là. Tribus cou-
vertes d'or et de boue, remontez de mon corps,
sortez! Tribus de la Pluie et du Vent, passez!
Princes des Hauts-Empires, princes des pieds
nus et des étriers de bois, sur vos chevaux
habillés, entrez. Entrez à cheval, Au galop! Au
galop! Hop! Hop! Hop-là! Nègres des Étangs,
vous qui pêchez les poissons avec votre bec
pointu, entrez. Nègres des docks, des usines,
des bastringues, Nègres de chez Renault, Nègres
de Citroën, vous autres aussi qui tressez les
joncs pour encager les grillons et les roses,
entrez et restez debout. Soldats vaincus, entrez.
Soldats vainqueurs, entrez. Serrez-vous.
Encore. Posez vos boucliers contre le mur. Vous
aussi, qui déterrez les cadavres pour sucer la
cervelle des crânes, entrez sans honte. Vous,
frère-sœur emmêlé, inceste mélancolique et qui
marche, passez. Barbares, barbares, barbares,
venez. Je ne peux vous décrire tous, ni même
vous nommer tous ni nommer vos morts, vos
armes, vos charrues, mais entrez. Marchez
doucement sur vos pieds blancs. Blancs? Non,
noirs. Noirs ou blancs? Ou bleus? Rouges,
verts, bleu, blanc, rouge, vert, jaune, que sais-
je, où suis-je? Les couleurs m'épuisent... Tu es
là, Afrique aux reins cambrés, à la cuisse
oblongue? Afrique boudeuse, Afrique travaillée
dans le feu, dans le fer, Afrique aux millions

d'esclaves royaux, Afrique déportée, continent à la dérive, tu es là? Lentement vous vous évanouissez, vous reculez dans le passé, les récits de naufragés, les musées coloniaux, les travaux des savants, mais je vous rappelle ce soir pour assister à une fête secrète. *(Elle regarde en elle-même.)* C'est un bloc de nuit, compact et méchant, qui retient son souffle, mais non son odeur. Vous êtes là? Ne quittez pas la scène sans mon ordre. Que les spectateurs vous regardent. Une somnolence profonde, visible presque, sort de vous, se répand, les hypnotise. Tout à l'heure nous descendrons parmi eux. Mais avant...

VILLAGE : Madame...

FÉLICITÉ : ... Mais avant, que je vous présente solennellement le plus lâche de tous les Nègres. Faut-il le nommer? *(A Village :)* Alors, en route!

VILLAGE, *tremblant. La main gantée de blanc est toujours posée sur son épaule* : Madame...

FÉLICITÉ : S'il hésite encore, qu'il prenne la place de la morte.

*Épuisée, Félicité se rassied.*

VILLAGE et VERTU, *ensemble :* Non!

ARCHIBALD, *à Village :* Entrez dans la chambre.

VILLAGE, *chant sur l'air du « dies irae »* : Madame... Madame...

NEIGE, *sur le « dies irae »* : Entrez, entrez... délivrez-nous du mal. Alleluia.

BOBO, *maintenant toutes les répliques seront chantées sur cet air :*

Ô descendez, mes cataractes !

VILLAGE : Madame... Madame...

NEIGE :

Je neige encore sur vos campagnes,
Je neige encore sur vos tombeaux, et je vous calme...

VERTU :

Les vents du Nord sont alertés
Qu'ils le chargent sur leurs épaules
Tous les chevaux sont détachés.

VILLAGE, *toujours à genoux, en reculant et comme tiré par la main gantée de blanc, Village disparaît derrière le paravent où se trouve déjà le masque :* Madame... Madame...

VERTU :

Et toi crépuscule du soir
Tisse le manteau qui le dissimule.

NEIGE :

Expire, expire doucement,
Notre-Dame des Pélicans,
Jolie mouette, poliment,
Galamment, laisse-toi torturer...

VERTU :

Endeuillez-vous, hautes forêts
Qu'il s'y glisse en silence.
A ses grands pieds, poussière blanche
Mets des chaussons de lisière.

LE JUGE, *au Gouverneur qui regarde avec sa longue-vue ce qui se passe derrière le paravent :* Que distinguez-vous ?

LE GOUVERNEUR : Rien que de très normal. *(Il rit.)* La femme succombe. On peut dire d'eux ce qu'on veut, ces gars sont de fiers baiseurs.

LE MISSIONNAIRE : Vous vous oubliez, mon cher gouverneur.

LE GOUVERNEUR : Pardon. Je veux dire que la chair est faible. C'est une loi de nature.

LE JUGE : Mais enfin, que font-ils ? Décrivez.

LE GOUVERNEUR : D'abord il se lave les mains... il les essuie... ces gens sont propres. Je l'ai toujours remarqué. Quand j'étais lieutenant, mon ordonnance...

LE JUGE : Que fait-il d'autre ?

LE GOUVERNEUR : Il sourit... il sort son paquet de Gitanes... clac ! il a soufflé la bougie.

LE JUGE : Ce n'est pas vrai ?

LE GOUVERNEUR : Prenez la longue-vue, ou une lanterne, et allez-y.

*Le juge hausse les épaules.*

ARCHIBALD, *il s'aperçoit soudain de la présence de Ville de Saint-Nazaire, entré très lentement, alors que Félicité disait sa grande tirade :* Vous ! Je vous avais dit de ne venir nous prévenir que quand tout serait achevé. C'est donc fait ? C'est fini ? *(Tourné vers la Cour dont tous les personnages ont porté la main à leur visage, il hurle :)* Gardez vos masques !

VILLE DE SAINT-NAZAIRE : Pas tout à fait. Il se défend comme il peut. Mais on est sûr qu'il sera exécuté.

ARCHIBALD, *il a changé de voix, au lieu de déclamer, il parle d'un ton naturel :* Cela fera du bruit, la détonation. *(Un temps.)* Vous êtes sûr qu'il soit coupable ? Et surtout qu'il soit le coupable que nous cherchons ?

VILLE DE SAINT-NAZAIRE, *un peu ironique :* Vous auriez tout à coup des soupçons ?

ARCHIBALD : Réfléchissez : il s'agit de juger, probablement, de condamner, et d'exécuter un Nègre. C'est grave. Il ne s'agit plus de jouer. L'homme que nous tenons et dont nous sommes responsables est un homme réel. Il bouge, il mâche, il tousse, il tremble : tout à l'heure il sera tué.

VILLE DE SAINT-NAZAIRE : C'est très dur, mais si la comédie peut être menée devant eux *(Il montre le public.),* nous ne devons plus jouer quand nous sommes entre nous. Il faudra nous habituer à prendre la responsabilité du sang — du nôtre. Et le poids moral...

ARCHIBALD : Tu n'empêcheras pas, comme je te l'ai dit, qu'il ne s'agisse d'un sang vivant, chaud, souple, fumant, d'un sang qui saigne...

VILLE DE SAINT-NAZAIRE : Mais, alors, cette comédie que nous jouons, pour vous, ce n'était qu'un divertissement ?

ARCHIBALD, *l'interrompant :* Tais-toi. *(Un temps.)* Il va être exécuté ?

VILLE DE SAINT-NAZAIRE : Oui.

84

ARCHIBALD : Bien. Retourne près d'eux.

VILLE DE SAINT-NAZAIRE : J'ai besoin d'être ici. De toute façon, c'est trop tard. Laissez-moi aller jusqu'au bout. Ici.

ARCHIBALD : Alors... Restez. *(Aux Négresses :)* Et vous, taisez-vous. Village travaille pour nous. Aidez-le en silence, mais aidez-le.

*Entre le Valet.*

LE GOUVERNEUR : La Reine, que fait-elle?

LE VALET : Elle pleure toujours. Ce sont les pluies chaudes de septembre.

LE GOUVERNEUR : Et... qu'a-t-elle dit?

LE VALET : Au moins, sauvez l'Enfant! Et qu'on reçoive la mère avec courtoisie. Elle aura donc fauté, mais elle est blanche.

*Un très long silence.*

VERTU, *timidement :* Il ne revient pas.

BOBO, *à mi-voix :* Il n'a pas eu le temps. D'abord c'est très loin.

VERTU : Comment, très loin? C'est derrière le paravent.

BOBO, *à mi-voix, toujours, légèrement agacée :* Bien sûr. Mais en même temps ils doivent aller ailleurs. Traverser la chambre, passer le jardin, prendre un sentier de noisetiers qui tourne à gauche, écarter les ronces, jeter du sel devant eux, chausser des bottes, entrer dans un bois... C'est la nuit. Au fond du bois...

LE GOUVERNEUR : Messieurs, il va falloir se préparer. Qu'on réveille la Reine. Nous devons aller les châtier, les juger, et le voyage sera long et pénible.

LE MISSIONNAIRE : Il me faudra un cheval.

LE VALET : Tout est prévu, monseigneur.

BOBO, *reprenant :* ... au fond du bois, chercher la porte du souterrain, trouver la clé, descendre les marches... creuser la fosse... S'enfuir. La lune aura-t-elle attendu? Tout cela prend du temps. Vous-même, quand vous montez avec le monsieur qui revient de l'enterrement de sa femme.

VERTU, *sèche :* Vous avez raison, je soigne le travail. Mais Village aurait dû faire le simulacre sous nos yeux.

BOBO : Tragédie grecque et pudique, ma chère : le geste définitif s'achève dans la coulisse.

> *Archibald agacé les menace du geste et montre Village qui rentre.*
> *Un assez long silence, puis, doucement, entre Village, le col de sa chemise défait. Tous l'entourent.*

ARCHIBALD : C'est fait? Vous n'avez pas eu trop de mal?

VILLAGE : Autant que d'habitude.

NEIGE : Il ne s'est rien passé, n'est-ce pas?

VILLAGE : Rien. Ou, si vous voulez, tout s'est passé comme d'habitude, et très proprement. Quand il est entré derrière le paravent, Diouf m'a aimablement aidé à m'asseoir.

NEIGE : Et ensuite?

VILLE DE SAINT-NAZAIRE : Rien d'autre. Ils ont attendu sur un banc, dans la coulisse, en échangeant un sourire amusé.

VILLAGE, *apercevant Ville de Saint-Nazaire :* Vous êtes revenu? Vous devriez être encore là-bas avec eux...

VILLE DE SAINT-NAZAIRE : Je croyais que ce soir, grâce à vous, tout devait changer? Et que cette nuit serait la dernière?

VILLAGE, *irrité :* J'ai fait ce que j'ai pu. Mais vous? Mais eux, là-bas?

VILLE DE SAINT-NAZAIRE : Ce qu'ils font ne vous regarde pas. C'est à eux de demander des comptes. Mais... vous avez bien fait d'accomplir le rite, comme chaque soir. Ce sera à moi de parachever la représentation.

ARCHIBALD : Il n'y a rien de nouveau, au moins, dans la cérémonie.

VILLE DE SAINT-NAZAIRE, *avec colère :* Vous voulez donc la continuer à l'infini? La perpétuer jusqu'à la mort de la race? Tant que la Terre tournera autour du soleil, lui-même emporté en ligne directe jusqu'aux limites de Dieu, dans une chambre secrète, des Nègres...

BOBO, *hurlant :* Haïront! Oui, monsieur.

LE JUGE, *à la Cour :* Je crois que nous n'avons plus de temps à perdre.

> *On entend un chant — une chanson comme une marche solennelle, chantée. Puis apparaît la Reine conduisant Diouf revêtu de ses oripeaux, et masqué.*

LA REINE : Voici celle qu'il faudra descendre venger.

NEIGE : Diouf est arrivé!

LA REINE, *à Diouf :* Le voyage a dû être pénible, ma pauvre petite. Enfin vous retrouvez votre véritable famille. D'ici, d'en haut, vous les verrez mieux.

LE MISSIONNAIRE : A notre retour, on essaiera de la béatifier.

LE VALET : Une idée du tonnerre! Sa Majesté va l'adopter. N'est-ce pas, petite?

LA REINE : Il faudra y réfléchir, et c'est très délicat. Car enfin, elle a été souillée. A son corps défendant, je l'espère, mais enfin elle risque d'être un rappel de notre honte. *(Après une hésitation.)* L'idée, toutefois, est à retenir. *(Au Juge :)* Que fait-on, là-bas?

LE JUGE, *regardant avec les jumelles du Gouverneur :* On est fou de colère, de rage, et d'un certain désarroi.

LA REINE : Que dit-on?

LE JUGE : On est muet de stupeur.

LA REINE : Mais... que se passe-t-il donc d'étrange et de rare? La neige tomberait sur leurs palétuviers?

LE JUGE : Madame... il se pourrait qu'un crime s'accomplît.

LA REINE : Sans doute...

LE JUGE : Non. Un autre. Et qui se juge ailleurs.

LA REINE : Mais, que pouvons-nous faire? L'empêcher? Ou faire qu'il nous serve?

*Toute la Cour se penche.*

VILLAGE, *à Archibald :* Ils vont venir, monsieur? Ils vont venir nous juger, nous peser?

*Village est tremblant.*

ARCHIBALD, *posant sa main sur l'épaule de Village :* Ne crains rien, il s'agit d'une comédie.

VILLAGE, *insistant :* Nous peser? Avec leurs balances d'or et de rubis? Et pensez-vous, s'ils s'en vont mourir, qu'ils me laisseront aimer Vertu — ou plutôt, que Vertu pourra m'aimer?

VILLE DE SAINT-NAZAIRE, *souriant, mais précis :* Vous n'avez pas essayé de les négrifier? De leur greffer des narines et des lèvres bambaras? De leur crépeler les cheveux? De les réduire en esclavage?

LE MISSIONNAIRE, *hurlant :* En route! Et plus une minute à perdre. *(Au Valet :)* Préparez le manteau, les bottes, un kilo de cerises et le cheval de Sa Majesté. *(A la Reine :)* Madame, il faut y aller. Le chemin sera long. *(Au Gouverneur :)* Vous avez les parapluies?

LE GOUVERNEUR, *blessé :* Demandez à Joseph. *(Au Valet :)* As-tu la gourde?

LE VALET : Au saut du lit, la Reine m'a donné l'accolade et un parchemin. Qu'on s'en souvienne. Au demeurant, j'ai les parapluies et les cachets de quinine. J'ai aussi la gourde de rhum, et bien pleine! Car il fera chaud.

LE MISSIONNAIRE : Durant la marche, pour tromper la fatigue, j'autorise les boissons et qu'on entonne une messe de Palestrina. Tout le monde est paré? Alors, en avant... marche!

*Toute la Cour disparaît, quittant l'estrade, où Diouf, toujours masqué, reste seul. D'abord il hésite, puis, timidement, il s'approche de la balustrade et regarde en bas.*

*Pendant quatre à cinq minutes la Cour aura disparu dans la coulisse. Les Nègres, en bas, se sont groupés, à gauche. En avant de ce groupe, debout, Ville de Saint-Nazaire. Tout le monde attend, anxieux. Enfin Bobo lève la tête. Elle aperçoit Diouf, penché à la balustrade, et qui les regarde.*

BOBO : Vous! Vous, monsieur Diouf?

*Tous les Nègres lèvent la tête et regardent Diouf qui, toujours masqué, fait avec la tête le signe « oui ».*

Monsieur Diouf, vous vivez une mort curieuse. Est-ce qu'il y fait bon?

DIOUF, *il retire son masque :* Il y fait une drôle de lumière.

BOBO : Dites, monsieur le Vicaire général, qu'y voyez-vous? Répondez, Diouf. Regardés par leurs regards, comment sont les Rois? Du haut de vos yeux bleus, du haut de ces miradors, que voyez-vous?

DIOUF, *il hésite :* Je vous — pardon — je nous vois ainsi : je suis là-haut et non par terre. Et je connais peut-être la vision de Dieu.

90

BOBO : Êtes-vous une Blanche ?

DIOUF : Il faut d'abord vous dire qu'ils mentent ou qu'ils se trompent : ils ne sont pas blancs, mais roses, ou jaunâtres...

BOBO : Êtes-vous donc une Rose ?

DIOUF : Je la suis. Je me déplace dans une lumière qu'émettent nos visages, qu'ils se renvoient de l'un à l'autre. Nous, c'est-à-dire vous, nous sommes toujours étouffant dans un air lourd. Mais d'abord cela commença quand je dus quitter votre monde. Le désespoir me vida. Mais vos insultes et vos hommages peu à peu m'exaltaient. Une vie nouvelle pénétrait en moi. Je sentais le désir de Village. Comme sa voix était rauque ! Et son regard ! Humble et vainqueur. Un instant je fus grosse de ses œuvres.

BOBO : Êtes-vous fier ?

DIOUF : Fier, non. Je ne comprends plus rien à nos préoccupations. Des rapports nouveaux s'établissent avec les choses, et ces choses deviennent nécessaires. *(Pensif.)* C'est en effet une très curieuse nouveauté, la nécessité. L'harmonie me ravissait. J'avais quitté le règne de la gratuité où je vous voyais gesticuler. Même cette haine que nous leur portons et qui monte vers eux, je ne la distinguais plus. J'apprenais par exemple qu'ils ont la possibilité de représenter de vrais drames et d'y croire.

VILLE DE SAINT-NAZAIRE, *ironique :* Vous regrettez ce temps des Morts, n'est-ce pas ?

ARCHIBALD : Tout acteur sait qu'à une heure fixe le rideau sera baissé. Et presque toujours

qu'il incarne un mort ou une morte : Phèdre,
Don Juan, Antigone, la Dame aux Camélias,
monsieur le Docteur Schweitzer...

*Un long silence.*

*On entend un bruit de pas dans la
coulisse. Diouf, affolé, remet son masque.
Les autres Nègres paraissent apeurés. Ils
vont tous, en masse, avec M^{me} Félicité, se
grouper à gauche de la scène, sous le
balcon où apparaissait la Cour. Le pié-
tinement et le bruit deviennent plus précis.
Enfin, de la coulisse de droite, semblant
descendre un chemin, à reculons, sort
d'abord le Valet. Il rote et titube. Mani-
festement, il est ivre.*

LE VALET, *tourné vers la coulisse (il rote)* :
Attention au bourrin ! Qu'il ne bute pas. La
Reine *(Il rote.)* ne va pas s'apporter sur un
cheval couronné. Oh, l'évêque in partibus, que
la traîne du manteau de la Reine, ni que votre
*(Il rote.)* jupon blanc *(Il rote.)*, pourpre,
n'accrochent pas les cactus. Nom de Dieu,
quelle poussière ! Plein la gueule ! Mais vous...
*(Il rote.)* ça vous empanache ! Attention... attention... là... là...

*Il fait un geste comme pour indiquer la
route à prendre.*

*Enfin, paraissent, toujours à reculons, le
Gouverneur, le Missionnaire, le Juge,
puis, de face, la Reine. Elle semble très
lasse, comme après un très long voyage.
Tous sont ivres.*

LA REINE, *avançant prudemment, mais chance-lante, et regardant autour d'elle :* De la poussière! Plein la gueule, mais ça vous empanache! *(Elle rote et éclate de rire.)* Voilà où ça nous mène de suivre les soudards sous les soleils coloniaux. *(Elle secoue la gourde vide et la jette.)* Et plus une goutte à boire. *(Elle rote. Soudain noble :)* Ainsi je pose le pied sur mes possessions d'outre mer.

*Elle rit.*

LE GOUVERNEUR, *après chaque mot, un hoquet :* N'avancez plus. Prudence, circonspection, mystère. Tout est marécages, fondrières, flèches, félins... *(Très doucement d'abord, puis de plus en plus fort, les Nègres, presque invisibles sous le balcon, font entendre les bruits de la Forêt Vierge : le crapaud, le hibou, un sifflement, rugissements très doux, bruits de bois cassé et de vent.)*... ici les serpents pondent par la peau du ventre des œufs d'où s'envolent des enfants aux yeux crevés... les fourmis vous criblent de vinaigre ou de flèches... les lianes s'amourachent de vous, vous baisent sur la bouche et vous mangent... ici les rochers flottent... l'eau est sèche... le vent est un gratte-ciel, tout est lèpres, sorcelleries, dangers, folies...

LA REINE, *émerveillée :* Et fleurs!

LE JUGE, *hoquetant :* Vénéneuses, madame. Mortelles. Malades. Trop bu tafia. Ciel de plomb, madame. Nos pionniers ont essayé des greffes sur le chou de nos jardins, sur la pivoine hollandaise, sur le salsifis : nos plantes sont mortes, madame. Assassinées par celles des Tropiques.

> *Les Nègres rient de leur rire orchestré, très doux. Ils recommencent les bruits de branches cassées, de cris, de miaulements...*

LA REINE : Je m'en doutais. Même leur botanique est méchante. Heureusement, nous avons nos conserves.

LE GOUVERNEUR : Et des réserves d'énergie. Des troupes toujours fraîches.

LA REINE, *au Gouverneur* : Dites-leur, que leur souveraine est de cœur avec elles... et... et l'or... les émeraudes... le cuivre... les nacres ?

LE MISSIONNAIRE, *un doigt sur la bouche* : En lieux sûrs. On vous en montrera. Des kilos. Des avalanches. Des gobelets.

LA REINE, *avançant toujours* : Si c'était possible, avant que le soleil ne se couchât derrière les montagnes, j'aimerais descendre dans une mine, et ramer sur le lac. *(Soudain elle aperçoit le Valet qui grelotte.)* Eh bien, la peur ?

LE VALET : Les fièvres, madame.

LA REINE, *elle secoue le Valet* : Les fièvres ? Les fièvres ou l'alcool ? A toi seul tu as bu plus de la moitié de la provision.

LE VALET : C'était pour chanter mieux, et plus fort. J'ai même dansé.

LA REINE, *au Missionnaire* : Et les danses ? Où sont les danses ?

LE MISSIONNAIRE : Elles n'ont lieu que la nuit...

LA REINE : Qu'on apporte la Nuit!

LE GOUVERNEUR : Elle vient, madame! Au pas cadencé! Un, deux!... un, deux!...

> *Les bruits imitatifs faits par les Nègres sont de plus en plus forts.*

LE MISSIONNAIRE, *peureux :* Les danses n'ont lieu que la nuit. Il n'y en a pas une qui ne soit dansée pour notre perte. N'avancez plus. C'est un pays redoutable. Chaque fourré dissimule la tombe d'un missionnaire...

> *Il rote.*

LE GOUVERNEUR : Et celle d'un capitaine! *(Il tend le bras.)* Ici le Nord, là, l'Est, l'Ouest, le Sud. Sur chacun de ces rivages, au bord du fleuve, dans les plaines, nos soldats sont tombés, n'approchez plus, c'est une fondrière...

> *Il retient la Reine.*

LE JUGE, *sévère :* Le climat n'excuse pas votre laisser-aller. Moi, je n'ai rien perdu de ma morgue ni de ma hauteur : c'est pour punir un crime que j'ai pris la route. Où sont les Nègres, monsieur le Gouverneur?

> *Les Nègres rient du même rire que plus haut, très doux, presque un murmure. Et toujours ces mêmes bruits de feuilles, de vents, ces rugissements évoquant la forêt vierge.*

LA REINE, *tombant dans les bras du Gouverneur :* Vous avez entendu? *(Tous écoutent.)* Et...

et... s'ils étaient... s'ils étaient réellement noirs? Et même, s'ils étaient vivants?

LE MISSIONNAIRE : N'ayez pas peur, madame, ils n'oseraient pas... une douce aurore vous enveloppe et les tient en respect.

LA REINE, *tremblante* : Vous croyez? Car je n'ai rien fait de mal, n'est-ce pas? Évidemment, mes soldats, quelquefois, dans leur enthousiasme, se seront laissé emporter...

LE GOUVERNEUR : Madame, ici je commande : et ce n'est pas le moment de faire notre procès... Vous êtes sous ma protection.

LE VALET : Et je suis caution du bien qu'on leur porte : j'ai chanté leur beauté dans un vers demeuré célèbre...

> *Les Nègres se sont avancés tout doucement. La Cour s'arrête pile. Puis elle recule, aussi doucement que les Nègres s'avancent, de façon à se trouver à droite, au point où elle est entrée, à l'opposé du côté où sont les Nègres, et face à eux.*

FÉLICITÉ, *aux Nègres* : C'est l'Aurore! A vous, Absalon!

ARCHIBALD, *imitant le coq* : Cocorico!

FÉLICITÉ, *toujours aux Nègres* : C'est l'Aurore, messieurs. Puisque nous avons voulu être coupables, tenons-nous prêts. Qu'on agisse et qu'on parle avec prudence et retenue.

LE GOUVERNEUR, *au Valet* : Je vais voir si nous avons une possibilité de repli. (*Il sort par la coulisse de droite, mais réapparaît aussitôt.*

Madame, derrière nous, la jungle s'est refermée.

LA REINE, *effrayée :* Mais, nous sommes bien en France?

LE GOUVERNEUR : Madame, tous les volets sont clos; les chiens, hostiles; les communications, coupées; la nuit, glaciale : c'était un piège, il faut faire face? C'est l'Aurore! *(Au Valet :)* A vous!

LE VALET : Cocorico!

LA REINE, *morne :* Oui, c'est l'Aurore, et nous sommes en face d'eux. Et ils sont noirs, comme je les rêvais.

LE JUGE : Qu'on dresse le Tribunal!

LE MISSIONNAIRE, *au Valet :* Le trône! Et cessez ce tremblement ridicule.

> *Le Valet apporte le fauteuil doré de Félicité. La Reine s'y assoit.*
> *Les Nègres font un pas en avant, s'immobilisent. Ville de Saint-Nazaire s'en détache, retire le drap du catafalque tendu sur deux chaises.*

LA REINE : Mes chaises!

LE VALET : Elles étaient là! Et je les cherchais jusque sous vos jupes, monsieur le Missionnaire!

> *Le Valet apporte les deux chaises où s'assoient le Gouverneur et le Missionnaire. Mais avant, cérémonieusement, la Cour s'incline pour saluer les Nègres, qui, eux aussi, de même façon, saluent la Cour.*

97

*Les poupées représentant la Cour resteront
jusqu'au baisser du rideau sur une sorte de
socle à gauche de la scène.*

DIOUF : Et moi, qui me voyais enfermé dans la caisse !

LE JUGE : La Cour est en place. *(Aux Nègres :)* Couchez-vous. Vous approcherez sur le ventre.

ARCHIBALD, *à la Cour :* Il est usé, monsieur. Si vous le permettez, nous vous entendrons accroupis.

LE JUGE, *après s'être concerté du regard avec la Cour :* Accepté.

ARCHIBALD, *aux Nègres :* Accroupissez-vous. *(Les Nègres s'accroupissent. Au Juge :)* Pourrons-nous pleurnicher ?

LE JUGE : Si vous y tenez. *(D'une voix tonnante :)* Mais d'abord, tremblez ! *(Tous ensemble, orchestrés, les Nègres tremblent.)* Plus fort ! Tremblez, allons, secouez-vous ! N'ayez pas peur de faire dégringoler les noix de coco qui pendent à vos branches ! Tremblez, Nègres ! *(Les Nègres, tous ensemble, tremblent de plus en plus fort.)* Assez !... Assez !... Nous passerons sur vos insolences, qui nous rendrons plus sévères. Nous avons fait nos comptes : Alors qu'il ne nous manque le corps ni d'une Blanche, ni d'un Blanc, Dieu nous a confié qu'il aurait une âme en surnombre. Qu'est-ce à dire ?

ARCHIBALD : Hélas, qu'est-ce à dire en effet ?

LE MISSIONNAIRE, *au Juge :* Soyez prudents. Ils sont roués, retors, sournois. Ils ont le goût des procès et des discussions théologiques, ils ont un télégraphe secret qui vole de montagnes en vallées.

LE JUGE, *à Archibald :* Je n'accuse pas toute l'Afrique en bloc, ce serait injuste et injurieux...

> *La Reine, le Valet, le Missionnaire, le Gouverneur applaudissent.*

LA REINE : Bravo. Belle et noble réponse.

LE JUGE, *cauteleux :* Non, toute l'Afrique n'est pas responsable de la mort d'une Blanche, pourtant, il faut bien le reconnaître, l'un de vous est coupable et nous avons fait le voyage pour venir le juger. Selon notre code, bien entendu. Il a tué par haine. Haine de la couleur blanche. C'était tuer toute notre race et nous tuer jusqu'à la fin du monde. Il n'y avait personne dans la caisse et dites-nous pourquoi?

ARCHIBALD, *triste :* Hélas, monsieur le Juge, il n'y avait pas de caisse non plus.

LE GOUVERNEUR : Pas de caisse? Pas de caisse, non plus? Ils nous tuent sans nous tuer et nous enferment dans pas de caisse non plus!

LE MISSIONNAIRE : Après ce coup, ils ne pourront plus dire qu'ils ne trichent pas. Ils nous ont joué la comédie. *(Au Valet :)* Ne riez pas! Vous voyez bien ce qu'ils font de nous?

LE JUGE, *aux Nègres :* A vous écouter, il n'y aurait pas de crime puisque pas de cadavre, et pas de coupable puisque pas de crime. Mais qu'on ne s'y trompe pas : un mort, deux morts, un bataillon, une levée en masse de morts on s'en remettra, s'il faut ça pour nous venger ; mais pas de mort du tout, cela pourrait nous tuer. *(A Archibald :)* Vous voulez donc notre mort ?

ARCHIBALD : Nous sommes des comédiens, et nous avons organisé une soirée pour vous divertir. Nous avons cherché ce qui, dans notre vie, pourrait vous intéresser ; hélas nous n'avons pas trouvé grand-chose.

LE MISSIONNAIRE : On leur a permis de porter, sur leurs corps de suie, les prénoms du calendrier grégorien. C'était un premier pas.

LE VALET, *insidieux :* Regardez sa bouche : vous voyez bien que leur beauté sait égaler la nôtre. Permettez, Majesté, que cette beauté se perpétue...

LE JUGE, *l'interrompant :* Pour votre plaisir ? Mais c'est à moi de chercher et de juger un coupable.

LE GOUVERNEUR, *tout d'une traite :* Après je l'exécute : balle dans la tête et dans les jarrets, jets de salive, couteaux andaloux, baïonnettes, revolver à bouchon, poisons de nos Médicis...

LE JUGE : Il n'y coupera pas. J'ai des textes fortiches, calés, serrés.

LE GOUVERNEUR : Crevaison de l'abdomen, abandon dans les neiges éternelles de nos glaciers indomptés, escopette corse, poing américain, guillotine, lacets, souliers, gale, épilepsie...

LE JUGE : Articles 280 — 8.927 — 17 — 18 — 16 — 4 — 3 — 2 — 1 — 0.

LE GOUVERNEUR : Coup de pied en vache, mort aux rats, mort aux vaches, mors aux dents, mort debout, mort à genoux, mort couché, mort civile, coqueluche. Ciguë !...

LE MISSIONNAIRE : Du calme, messieurs. Le monstre ne nous échappera plus. Mais avant, je le baptise. Car il s'agit d'exécuter un homme, pas de saigner la bête. Et si Sa Majesté...

LA REINE, *avec douceur :* Comme d'habitude. Je serai la marraine.

LE MISSIONNAIRE : Ensuite, je lui donnerai l'absolution de son crime. Et puis, messieurs, il sera à vous. Enfin nous prierons. Mais d'abord, le baptême.

ARCHIBALD : Vous êtes en Afrique...

LA REINE, *extatique :* Outre-mer ! Le Capricorne ! Mes Iles ! Corail !

ARCHIBALD, *légèrement irrité :* A vous entêter, vous courez de sérieux dangers. Soyez prudents. Si vous faites un de vos signes, l'eau de nos lacs, celle de nos fleuves, nos rivières, nos cataractes, la sève de nos arbres et jusqu'à notre salive, risquent de bouillir... ou geler.

LA REINE : En échange d'un crime nous apportions son pardon et l'absolution du criminel.

VILLAGE : Madame, méfiez-vous. Vous êtes une grande Reine et l'Afrique n'est pas sûre

FÉLICITÉ, *aux Nègres :* Assez ! Et reculez !

*Elle fait un signe et tous les Nègres
reculent à gauche de la scène, puis, sur un
signe de la Reine, la Cour recule à droite.
Les deux femmes sont face à face*[1].

LA REINE, *à Félicité :* Commence.

FÉLICITÉ : A toi!

LA REINE, *très courtoise, comme on l'est avec les
humbles :* Je t'assure, je peux attendre...

FÉLICITÉ : Dis que tu es incapable de trouver
le premier mot.

LA REINE : Je peux attendre, j'ai l'Éternité
pour moi.

FÉLICITÉ, *les mains aux hanches, et explosant :*
Ah, vraiment? Eh bien, Dahomey! Dahomey!
Nègres, venez m'épauler. Et qu'on ne laisse pas
escamoter le crime. *(A la Reine :)* Personne
n'aurait la force de le nier. Il pousse, il pousse,
ma belle, il grandit, verdit, il éclate en corolles,
en parfums, et c'est toute l'Afrique ce bel arbre,
mon crime! Les oiseaux sont venus s'y nicher et
dans ses branches la nuit s'y repose.

LA REINE : Chaque soir, et à chaque seconde,
vous vous livrez, sur moi, sur les miens, je le
sais, à un rite saugrenu et néfaste. L'odeur des
fleurs de votre arbre arrive jusqu'à mon pays, et
son odeur veut me surprendre et me détruire.

FÉLICITÉ, *face à face avec la Reine :* Tu es une
ruine!

---

1. Félicité fait alors une ou deux fois le tour de la scène
pour venir provoquer, en la regardant dans les yeux et en lui
tournant le dos, la Reine.

LA REINE : Mais quelle ruine! Et je n'ai pas fini de me sculpter, de me denteler, de me travailler en forme de ruine. Éternelle. Ce n'est pas le temps qui me corrode, ce n'est pas la fatigue qui me fait m'abandonner, c'est la mort qui me compose et qui...

FÉLICITÉ : Si tu es toute mort, qu'as-tu, mais qu'as-tu donc à me reprocher de te tuer?

LA REINE : Et si je suis morte, qu'as-tu à me tuer sans cesse, à m'assassiner à l'infini dans ma couleur? Mon sublime cadavre, mais qui bouge encore — ne te suffit pas? Il te faut le cadavre du cadavre?

> *Les deux femmes avancent côte à côte,*
> *et presque amicalement, face au public, et*
> *jusqu'à l'avant-scène.*

FÉLICITÉ : J'aurai le cadavre du fantôme de ton cadavre. Tu es pâle, mais tu deviens transparente. Brouillard qui flotte sur mes terres, tu vas t'évanouir tout à fait. Mon soleil...

LA REINE : Mais si de mon fantôme il ne restait qu'un souffle, et que le souffle de ce souffle, il entrerait par les orifices de votre corps pour vous hanter...

FÉLICITÉ : Nous lâcherons un pet, vous serez à la porte.

LA REINE, *outrée* : Gouverneur! Général! Évêque! Juge! Valet!

TOUS, *mornes et sans bouger* : J'accours.

LA REINE : Qu'on les passe au fil de l'épée.

FÉLICITÉ : Si vous êtes la lumière et que nous

soyons l'ombre, tant qu'il y aura la nuit où vient sombrer le jour...

LA REINE : Je vais vous faire exterminer.

FÉLICITÉ, *ironique :* Sotte, que vous seriez plate, sans cette ombre qui vous donne tant de relief.

LA REINE : Mais...

FÉLICITÉ, *même ton :* Pour ce soir, jusqu'à la fin du drame, gardez-nous donc vivants.

LA REINE, *tournée vers la Cour :* Mon Dieu, mon Dieu, mais que lui dire...

> *Le Gouverneur, le Juge, le Missionnaire et le Valet s'approchent d'elle et l'encouragent à mi-voix, et pressés.*

LE MISSIONNAIRE : Parlez de notre sollicitude pour eux... de nos écoles...

LE GOUVERNEUR : Citez des phrases de Bossuet...

LA REINE, *inspirée :* Vous n'empêcherez, ma belle, que je n'ai été plus belle que vous! Tous ceux qui me connaissent pourront vous le dire. Personne n'a été chantée plus que moi. Ni plus courtisée ni fêtée. Ni parée. Des nuées de héros, jeunes et vieux, sont morts pour moi. Mes équipages étaient célèbres. Au bal, chez l'Empereur, un esclave africain soutenait ma traîne. Et c'est pour moi qu'on a décroché la Croix du Sud. Vous étiez encore dans la nuit...

FÉLICITÉ : Au-delà de cette nuit foudroyée, fragmentée en millions de Noirs tombés dans la jungle, nous étions la Nuit en personne. Non

104

celle qui est absence de lumière, mais la mère généreuse et terrible qui contient la lumière et les actes.

LA REINE, *comme affolée, à la Cour* : Alors? Après...

LE GOUVERNEUR : Dites que nous avons des fusils pour les faire taire...

LE MISSIONNAIRE : Idiot. Non, soyez amicale... Sortez le Père de Foucault...

FÉLICITÉ : Voyez nos gestes. S'ils ne sont plus que les bras coupés de nos rites saccagés, enlisés dans la fatigue et le temps, d'ici peu vous ne tendrez plus vers le ciel et vers nous que des moignons coupés...

LA REINE, *à la Cour* : Et alors, qu'est-ce que je dois répondre?

FÉLICITÉ : Regardez! Regardez, madame. La nuit que vous réclamiez, la voici, et ses fils qui s'approchent. Ils lui font une escorte de crimes. Pour vous, le noir était la couleur des curés, des croque-morts et des orphelins. Mais tout change. Ce qui est doux, bon, aimable et tendre sera noir. Le lait sera noir, le sucre, le riz, le ciel, les colombes, l'espérance, seront noirs — l'opéra aussi, où nous irons, noires dans des Rolls noires, saluer des rois noirs, entendre une musique de cuivre sous les lustres de cristal noir...

LA REINE : Mais enfin, je n'ai pas dit mon dernier mot...

LE VALET, *à son oreille* : Chantez un psaume!

LE MISSIONNAIRE : Tant pis, montrez vos jambes !

FÉLICITÉ : Douze heures de nuit. Notre mère miséricordieuse nous gardera dans sa maison, serrés entre ses murs ! Douze heures de jour, pour que ces morceaux de ténèbres offrent au soleil des cérémonies pareilles à celles de ce soir...

LA REINE, *très agacée :* Idiote ! Tu ne vois que la beauté de l'Histoire. C'est très joli et très facile, de venir nous insulter sous nos fenêtres, et d'accoucher tous les jours de cent héros nouveaux qui jouent la comédie...

FÉLICITÉ : D'ici peu, tu verras ce que cache notre parade... Vous, vous êtes épuisés. Votre voyage vous a éreintés. Vous tombez de sommeil... Vous rêvez !

LA REINE, *elle et Félicité vont se parler comme deux femmes échangeant des recettes de ménagère :* Oui, c'est vrai. Mais toi, à ton tour tu vas te fatiguer ? Et ne compte pas sur moi pour t'indiquer des remontants. Vos herbes ne suffiront pas.

FÉLICITÉ : Je veux bien crever de fatigue. D'autres m'aideront.

LA REINE : Et vos Nègres ? Vos esclaves ? Où les prendrez-vous ?... Car il en faut...

FÉLICITÉ, *timidement :* Vous pourriez, peut-être... Nous serons de bons Noirs...

LA REINE : Ah ! non, pas du tout. Gouvernante, je ne dis pas...

LE MISSIONNAIRE : A la rigueur, précepteur des enfants... et encore...

FÉLICITÉ : Ce sera dur, n'est-ce pas ?

LA REINE, *aguicheuse :* Terrible. Mais vous serez forts. Et nous, charmeurs. Nous serons lascifs. Nous danserons pour vous séduire. Songe à ce que tu vas faire ? Un long travail sur des continents et des siècles pour te sculpter finalement un sépulcre peut-être moins beau que le mien... Alors, laisse-moi faire ? Non ? Tu vois comme tu es fatiguée déjà ? Que cherches-tu ? Non, non, ne réponds pas : que tes fils ne connaissent pas les chaînes ? C'est cela ? C'est une noble préoccupation, mais écoute-moi... suis-moi... tes fils, tu ne les connais pas encore. Si ? Ils ont déjà les pieds rivés ? Tes petits-fils ? Ils ne sont pas nés : ils ne sont donc pas. Tu ne peux donc pas te préoccuper de leur état. Liberté ou esclavage, peu importe, puisqu'ils ne sont pas. Vraiment... souris un peu !... vraiment, mon argumentation te paraît fausse ? *(Tous les Nègres paraissent mornes.)* Voyons, messieurs. *(La Reine s'adresse aux siens :)* J'aurais donc tort ?

LE MISSIONNAIRE : Vous êtes la sagesse.

LA REINE, *à Félicité :* Vos petits-fils — qui ne sont pas, songez-y — n'auront rien à faire. Nous servir, sans doute, mais nous ne sommes pas exigeants — mais nous, songe à notre peine : il nous faudra être. Et rayonner.

*Un silence.*

FÉLICITÉ, *avec douceur* : Songe, toi, aux moustiques de nos marécages, s'ils piquaient ma peau, de chaque abcès sortirait un Nègre adulte, tout armé...

LE MISSIONNAIRE, *à la Reine* : Madame, je vous l'avais dit : ils sont insolents, amers, vindicatifs...

LA REINE, *pleurant* : Mais qu'est-ce que je leur ai fait ? Je suis bonne, douce, et belle !

LE MISSIONNAIRE, *aux Nègres :* Méchants ! Voyez dans quel état vous osez mettre la plus douce, la meilleure et la plus belle des femmes.

NEIGE : La plus belle ?

LE MISSIONNAIRE, *gêné :* Je voulais dire, la plus belle de notre pays. Montrez un peu de bonne volonté. Regardez comme elle s'est habillée pour vous rendre visite et songez à tout ce que nous avons fait pour vous. Nous vous avons baptisés ! Tous ! L'eau qu'il a fallu pour vous ondoyer ? Et le sel ? Le sel sur vos langues ? Des tonnes de sel arraché durement des mines. Mais je parle, je parle, et d'ici peu il me faudra laisser la parole à monsieur le Gouverneur, qui la passera à monsieur le Juge, pourquoi vous faire massacrer au lieu de reconnaître...

LE JUGE : Qui est le coupable ? *(Silence.)* Vous ne répondez pas ? Je vais vous tendre une perche, la dernière. Écoutez : il nous est indifférent que ce soit l'un ou l'autre qui ait commis le crime, nous ne tenons pas à celui-ci ou à celui-là, si un homme est un homme, un nègre est un nègre, et il nous suffit de deux bras, deux jambes à casser, d'un cou à passer dans le nœud coulant, et notre justice est heureuse. Alors quoi, un bon mouvement.

> *Soudain, dans la coulisse, on entend une, puis plusieurs explosions de pétards, et, sur le velours noir des décors, les reflets d'un feu d'artifice. Enfin tout se calme. Les Nègres, qui étaient accroupis derrière Félicité, se lèvent.*

VILLE DE SAINT-NAZAIRE, *s'avançant* : Je vous annonce...

> *D'un même mouvement, et avec solennité, la Cour enlève ses masques. On voit apparaître les cinq visages noirs.*

VILLAGE, *angoissé :* Il est mort?

VILLE DE SAINT-NAZAIRE : Il a payé. Il faudra nous habituer à cette responsabilité : exécuter nous-mêmes nos propres traîtres.

CELUI QUI TENAIT LE RÔLE DU VALET, *avec sévérité :* Tout s'est passé dans les formes?

VILLE DE SAINT-NAZAIRE, *avec déférence :* Ne craignez rien. Non seulement les formes, mais l'esprit de la justice ont été appliqués.

CELUI QUI TENAIT LE RÔLE DU MISSIONNAIRE : La défense?

VILLE DE SAINT-NAZAIRE : Parfaite. Éloquente. Mais elle n'a pas su fléchir les jurés. Et le jugement à peine rendu, l'exécution.

> *Un silence.*

CELLE QUI TENAIT LE RÔLE DE LA REINE : Et maintenant?

VILLE DE SAINT-NAZAIRE : Maintenant? Alors qu'un tribunal condamnait celui qui vient d'être exécuté, un congrès en acclamait un autre. Il est en route. Il va là-bas organiser et continuer la lutte. Notre but n'est pas seulement de corroder, de dissoudre l'idée qu'ils voudraient que nous ayons d'eux. Il nous faut aussi les combattre dans leurs personnes de chair et d'os. Vous, vous n'étiez là que pour la parade. Derrière...

CELUI QUI TENAIT LE RÔLE DU VALET, *sec* : Nous savons. Grâce à nous on n'a rien deviné du drame qui se passe ailleurs.

*Un silence.*

CELLE QUI TENAIT LE RÔLE DE LA REINE : Et... vous dites qu'il est en route?

VILLE DE SAINT-NAZAIRE : Oui. Tout était organisé pour son départ.

CELLE QUI TENAIT LE RÔLE DE LA REINE : Et... comment est-il?

VILLE DE SAINT-NAZAIRE, *souriant :* Comme vous l'imaginez. Tel qu'il doit être pour semer la panique par la ruse et par la force.

TOUS, *parlant ensemble :* Décris-le!... Montre-nous-en des morceaux!... Fais-nous voir son genou, son jarret, son orteil!... Son œil! Ses dents!

VILLE DE SAINT-NAZAIRE, *riant :* Il s'en va, laissez-le partir. Il emporte notre confiance. Tout a été préparé, mis au point pour qu'il compte sur nous à distance.

CELUI QUI TENAIT LE RÔLE DU GOUVERNEUR : Et sa voix ? Comment est sa voix ?

VILLE DE SAINT-NAZAIRE : Grave. Un peu câline. Il devra d'abord séduire, ensuite convaincre. Oui, c'est aussi un charmeur.

BOBO, *soupçonneuse :* Mais... est-il noir, au moins ?

*Un moment, tout le monde est perplexe, puis éclate de rire.*

CELUI QUI TENAIT LE RÔLE DU MISSIONNAIRE : Il faut se dépêcher...

VILLAGE : Vous partez ?

CELUI QUI TENAIT LE RÔLE DU GOUVERNEUR : Tout était prévu pour chacun de nous. Si nous voulons être efficace, nous n'avons plus une minute à perdre.

DIOUF : Moi...

CELUI QUI TENAIT LE RÔLE DU MISSIONNAIRE, *l'interrompant avec violence :* Pour les autres aussi ce sera dur, surtout dans les premiers temps, de secouer la torpeur de tout un continent enfermé dans les vapeurs, les mouches et le pollen...

DIOUF, *pleurnichant :* Je suis vieux... on pourrait m'oublier... et puis enfin ils m'ont enveloppé d'une si jolie robe...

CELUI QUI TENAIT LE RÔLE DU VALET, *avec sévérité :* Garde-la. S'ils t'ont rendu pareil à l'image qu'ils veulent avoir de nous, reste avec eux. Tu nous encombrerais.

ARCHIBALD, *à celui qui était le valet :* Mais, il joue encore ou il parle en son nom? *(Il hésite.)* Un comédien... Un Nègre... s'ils veulent tuer, irréalisent même leurs couteaux. *(A Diouf :)* Tu restes?

> *Un léger silence. Diouf baisse la tête.*

Alors, reste.

NEIGE : Je dois partir.

CELUI QUI TENAIT LE RÔLE DU VALET : Pas avant que nous ayons achevé la représentation. *(A Archibald :)* Reprends ta voix.

ARCHIBALD, *solennel :* Puisque nous ne pouvions permettre aux Blancs d'assister à une délibération ni leur montrer un drame qui ne les intéresse pas, et que, pour le dissimuler nous avons dû échafauder le seul qui les concerne, nous devons achever ce spectacle, et nous débarrasser de nos juges... *(A celle qui était la Reine :)* comme prévu.

CELLE QUI TENAIT LE RÔLE DE LA REINE : Ils sauront enfin quels sont les seuls rapports dramatiques que nous pouvons avoir avec eux. *(Aux quatre Noirs de la Cour :)* Vous acceptez?

CELUI QUI ÉTAIT LE JUGE : Oui.

CELLE QUI ÉTAIT LA REINE : Nous nous étions couverts d'un masque à la fois pour vivre l'abominable vie des Blancs, et pour vous aider à vous enliser dans la honte, mais notre rôle de comédien tire à sa fin.

ARCHIBALD : Jusqu'où acceptez-vous d'aller?

CELUI QUI ÉTAIT LE GOUVERNEUR : Jusqu'à la mort.

VILLAGE : Mais... sauf les fleurs, nous n'avions rien prévu : ni couteaux, ni fusils, ni gibets, ni fleuves, ni baïonnettes. Pour nous débarrasser de vous faudra-t-il qu'on vous égorge?

CELLE QUI ÉTAIT LA REINE : Pas la peine. Nous sommes des comédiens, notre massacre sera lyrique. *(Aux quatre Noirs de la Cour :)* Messieurs, vos masques! *(Les Noirs à tour de rôle, remettent leur masque. A Archibald :)* Quant à vous, il vous suffira de nous donner la réplique. Vous y êtes?

ARCHIBALD : Commencez.

LA REINE, *se levant :* C'est à vous, monsieur le Gouverneur.

FÉLICITÉ : Mais nous n'avons pas fini notre joute oratoire, madame. Ne vous privez pas du meilleur. Il y a encore beaucoup à dire contre les Nègres.

LA REINE : J'ai fait le voyage, il était long, votre chaleur est inhumaine, et je préfère m'en aller...

FÉLICITÉ : Vous entendrez pourtant ce que va signifier maintenant la couleur blanche.

LA REINE : Ne perdez pas votre temps. Avant même que vous ayez fini votre discours, nous aurons fui.

FÉLICITÉ : Si nous vous laissons partir?

LA REINE : Que vous êtes naïve! Vous n'avez pas vu que nous sommes en marche vers la mort. Nous y allons de nous-mêmes, avec un sournois bonheur.

FÉLICITÉ : Vous vous suicidez, vous ?

> *Tous les Nègres rient aux éclats, avec la Cour, sauf la Reine, d'un grand rire en liberté.*

LA REINE : Nous choisissons de mourir afin de vous priver de l'orgueil du triomphe. A moins que vous n'alliez vous vanter d'avoir vaincu un peuple d'ombres.

FÉLICITÉ : Nous pourrons toujours...

LA REINE, *avec beaucoup d'autorité :* Silence. C'est à moi de parler, et de donner mes ordres. *(Au Gouverneur :)* Je vous l'ai dit, c'est à vous, monsieur le Gouverneur.

LE GOUVERNEUR : D'habitude, dans ces circonstances, on tire à la courte paille...

LA REINE : Pas d'explications. Montrez à ces barbares que nous sommes grands par notre souci de la discipline, et aux Blancs qui nous regardent, que nous sommes dignes de leurs larmes.

ARCHIBALD : Non, non, n'allez pas mourir. Monsieur le Gouverneur, restez! Ce que nous aimions, c'était vous tuer, c'était faire crever jusqu'à la blancheur de votre farine, et jusqu'à votre mousse de savon...

LA REINE : Ah, ah! Je vous tiens. *(Au Gouverneur :)* Gouverneur, en route!

LE GOUVERNEUR, *résigné :* Soit! Colonialement parlant, j'ai bien servi ma patrie. *(Il boit une gorgée de rhum.)* J'ai reçu mille surnoms qui prouvaient l'estime de la Reine et la trouille du sauvage. Je vais donc mourir, mais ce sera dans une apothéose, enlevé par dix mille adolescents plus maigres que la Peste et la Lèpre, exalté par la Rage et la Colère. *(A ce moment, le Gouverneur, comme il le fit au début de la pièce, sort un papier de sa poche et lit.)* Quand je tomberai, sournoisement percé par vos sagaies, regardez bien vous verrez mon assomption. Mon cadavre sera par terre, mais mon âme et mon corps s'élèveront dans l'air. Vous les verrez et vous mourrez de peur : c'est par ce moyen que j'ai choisi de vous vaincre, et de purger la terre de vos ombres. D'abord vous pâlirez, vous tomberez, puis vous serez morts. Moi, grand. *(Il remet son papier dans sa poche.)* Sublime. Épouvantable. *(Silence.)* Quoi? Vous dites que je tremble? Vous savez bien que c'est la goutte militaire? Eh bien, soit, visez donc ce cœur indomptable. Je meurs sans enfants... Mais je compte sur votre sens de l'honneur pour remettre mon uniforme taché de sang au musée de l'Armée. En joue, feu!

> *Village tire un coup de revolver, mais aucun bruit n'explose. Le Gouverneur tombe sur place.*

ARCHIBALD, *désignant le milieu de la scène :*
Non. Viens mourir ici.

> *Archibald, avec son talon, fait éclater une petite capsule comme celles dont se*

> *servent pour jouer les gosses. Le Gouverneur qui s'est relevé, vient tomber au milieu de la scène.*

LE GOUVERNEUR : Mon foie qui éclate et mon cœur qui saigne.

LES NÈGRES, *éclatant de rire, et tous en chœur, imitant le chant du coq :* Cocorico!

ARCHIBALD : Aux Enfers. *(A la Reine :)* Au suivant.

> *Village et Vertu se sont détachés du groupe formé par les Nègres et, sur la gauche, s'approchent du proscenium. Vertu feint d'être coquette.*

VILLAGE : A mon retour, je te rapporterai des parfums...

VERTU : Et quoi encore?

VILLAGE : Des fraises des bois.

VERTU : Tu es stupide. Et qui va cueillir les fraises? Toi? Accroupi, en les cherchant sous les feuilles...

VILLAGE : Je le fais pour te plaire, et tu...

VERTU : Ma fierté? Je veux que tu m'apportes...

> *Leur jeu de coquetterie continue pendant la tirade du Juge.*

LE JUGE, *se levant :* J'ai compris. Je n'utiliserai pas d'éloquence, je sais trop où cela conduit. Non, j'ai mis au point un texte de loi dont voici le premier paragraphe : Loi du 18 Juillet. Article 1. Dieu étant mort, la couleur noire cesse d'être un péché : elle devient un crime...

116

ARCHIBALD : Vous aurez la tête tranchée, mais tranchée en tranches.

LE JUGE : Vous n'avez pas le droit...

> *On entend une détonation.*

ARCHIBALD : Aux Enfers !

> *Le Juge, lentement, va tomber sur le Gouverneur. Au moment qu'il tombe, les Nègres crient en chœur.*

LES NÈGRES : Cocorico !

ARCHIBALD : Au suivant.

VERTU, *à Village. L'un et l'autre sont alors tout à fait à gauche de la scène :* Moi aussi il y a longtemps que je n'osais t'aimer...

VILLAGE : Tu m'aimes ?

VERTU : J'écoutais. Je t'entendais venir à grandes enjambées. Je courais à la fenêtre et derrière les rideaux je te regardais passer...

VILLAGE, *tendre et narquois :* Peine perdue : je passais, mâle indifférent, sans jeter un coup d'œil... Mais la nuit je venais surprendre un rayon de lumière entre tes volets. Entre ma chemise et ma peau je l'emportais.

VERTU : Et moi, j'étais déjà couchée, avec ton image. Que d'autres filles gardent dans leur cœur ou dans leurs yeux l'image de leur bien-aimé, la tienne était entre mes dents. J'y mordais...

VILLAGE : Au matin je montrais fièrement la trace de tes morsures de la nuit.

VERTU, *lui posant une main sur la bouche :* Tais-toi.

LE MISSIONNAIRE, *se levant :* Ces Enfers, que je vous ai apportés, vous oseriez m'y pousser? Risible, mes amis. L'Enfer m'obéit. Il s'ouvre, ou il se ferme sur un signe de ma main baguée. J'ai béni des époux, baptisé des négrillons, ordonné des bataillons de curés noirs, et je vous ai apporté le message d'un crucifié. Je vous entends — car si l'Église parle toutes les langues, elle les entend également toutes — vous reprochez à ce Christ sa couleur. Réfléchissons. A peine né qu'un prince noir, un peu sorcier, venait l'adorer... *(Soudain, il s'interrompt. Il regarde les Nègres immobiles. Visiblement il a peur. Affolé :)* Non, non! messieurs, messieurs, ne faites pas cela! *(Il tremble de plus en plus.)* Mesdames, mesdames, je vous en prie! Ce serait trop horrible! Au nom de la Vierge du Ciel, intervenez auprès de vos maris, auprès de vos frères, de vos amants! Messieurs, messieurs, non, non pas ça! D'abord je n'y crois pas. Non, je n'y crois pas. L'Enfer, que je vous ai apporté... J'ai maltraité vos sorciers — oh! pardon! Pas vos sorciers, messieurs, vos thaumaturges, vos prêtres, votre clergé — J'ai plaisanté, blasphémé, je dois être puni, mais pas ça!... Messieurs, messieurs, je vous en prie... ne faites pas le geste... ne dites pas la formule... Non, non... *(Les Nègres sont de plus en plus immobiles, figés, impassibles. Soudain, le Missionnaire se calme, il ne tremble plus, il respire mieux, il paraît soulagé, souriant presque, et tout à coup il fait :)* Meuh!... meuh!...

*Toujours poussant le meuglement de la vache, le Missionnaire marche à quatre pattes, feint de brouter l'herbe, lèche les pieds des Nègres qui ont reculé, comme pris d'une légère peur.*

ARCHIBALD : Assez. A l'abattoir !

*Le Missionnaire se relève et va tomber sur le Gouverneur et le Juge.*

LE MISSIONNAIRE, *hurlant d'une voix de fausset, avant de tomber :* Châtré ! Je suis châtré ! Je tiens haut, dur et ferme, la canonisation !

ARCHIBALD : Au suivant !

LE VALET, *se levant et tremblant :* Vous allez me battre ? Je ne supporte pas la douleur physique, vous le savez, car j'étais l'artiste. En un certain sens, j'étais des vôtres, victime aussi du Gouverneur général et des Corps constitués. Vous dites que je les vénérais ? Oui et non. J'étais très irrespectueux. Vous me fasciniez beaucoup plus qu'eux. En tous les cas, je ne suis plus ce soir ce que j'étais hier, car je sais aussi trahir. Si vous voulez, sans toutefois passer dans votre camp, tout à fait... je peux...

LA REINE, *au Valet :* Dites-leur au moins que sans nous, leur révolte n'aurait pas de sens — et même qu'elle n'existerait pas...

LE VALET, *tremblant toujours :* Ils ne veulent plus rien savoir. *(Aux Nègres :)* Je vous apporterai des secrets de fabrication, des plans...

*Les Nègres tapent des pieds et des mains comme pour l'effrayer. Le valet se*

*sauve*[1] *et tombe sur le tas formé déjà par le Gouverneur, le Missionnaire et le Juge.*
— *Rire orchestré des Nègres.*

ARCHIBALD : Aux Enfers.

LA REINE, *se levant solennellement :* Ainsi, vous êtes satisfaits? Me voici seule. (*Une détonation.*) Et morte. Décapitée comme mon illustre cousine. Moi aussi je vais descendre aux Enfers. J'y conduirai mon troupeau de cadavres que vous ne cessez de tuer pour qu'ils vivent et que vous ne cessez de faire vivre afin de les tuer. Or, sachez-le, nous n'avions démérité que de vous. Il vous était facile de me transformer en Allégorie, mais j'ai vécu, j'ai souffert, pour en arriver à cette image... et même, j'ai aimé... aimé (*Soudain, elle change de ton, et tournée vers Archibald.*) mais, dites-moi, monsieur, ce Nègre (*Elle désigne Diouf.*) qui vous a servi de support pour tuer un cadavre, et puisque c'est l'usage qu'une fois morts ces cadavres montent au ciel pour nous juger...

NEIGE, *riant :* Et se dépêchent de redescendre aux Enfers!

LA REINE : Je vous l'accorde, mademoiselle, mais dites-moi au moins, avant ma mort, ce que celui-ci fût devenu dans notre Cour? De quel titre l'eussiez-vous paré, de quelle haine chargé? Quelle image fût-il devenu, quel symbole?

1. Dans la mise en scène de Blin, le Valet mime et danse la Mort du Cygne.

120

*Tous sont attentifs, même les person-
nages morts entassés par terre relèvent la
tête pour écouter.*

LE GOUVERNEUR, *couché par terre :* Oui, qui?
Quel autre Prince?

*Les Nègres paraissent assez perplexes.*

DIOUF, *avec beaucoup de douceur :* Ne vous
gênez pas, monsieur Archibald. Au point où
j'en suis, je peux tout entendre.

ARCHIBALD, *après un silence :* La collection
n'aurait pas été complète sans la Mère. *(A
Diouf :)* Demain, et pour les cérémonies à
venir, vous représenterez l'Admirable Mère des
Héros morts en croyant nous tuer, dévorés par
nos fourmis et nos rages.

*Les personnages qui sont à terre se
redressent pour saluer Diouf qui les salue
à son tour, puis ils se recouchent, en tas,
imitant la mort.*

DIOUF, *aux Morts :* Je descends donc vous
ensevelir, puisque c'est écrit.

*Il quitte le balcon.*

LA REINE, *à Archibald, admirative :* Comme
vous haïssez bien! *(Un temps.)* Comme j'ai
aimé. Et maintenant, je meurs, faut-il l'avouer,
étouffée par mon désir d'un Grand Nègre qui
me tue. Nudité noire, tu m'as vaincue.

NEIGE, *doucement :* Il faut vous en aller,
madame. Vous perdez tout votre sang, et
l'escalier de la mort est interminable. Et clair
comme le jour. Pâle. Blanc. Infernal.

121

LA REINE, *à sa Cour :* Debout! *(Tous les quatre se lèvent.)* Venez avec moi aux Enfers. Et qu'on s'y tienne bien.

> *Elle les pousse devant elle comme un troupeau.*

ARCHIBALD, *l'arrêtant :* Un moment. La représentation s'achève et vous allez disparaître. Laissez-moi d'abord vous remercier tous, mes camarades. Vous avez bien joué votre rôle. *(Les cinq Nègres retirent les masques et saluent.)* Vous avez fait preuve de beaucoup de courage, mais il le fallait. Le temps n'est pas encore venu de présenter des spectacles sur de nobles données. Mais peut-être soupçonne-t-on ce que peut dissimuler cette architecture de vide et de mots. Nous sommes ce qu'on veut que nous soyons, nous le serons donc jusqu'au bout absurdement. Remettez vos masques pour sortir, et qu'on les reconduise aux Enfers.

> *Les cinq remettent leurs masques.*

LA REINE, *tournée vers les Nègres :* Adieu, et bonne chance. Bonne fille, je souhaite que tout aille bien pour vous. Nous, nous avons vécu longtemps, nous allons enfin nous reposer. *(Sur un geste d'impatience de Félicité.)* Nous partons, nous partons, mais dites-vous que nous resterons engourdis dans la Terre comme des larves ou des taupes, et si un jour... dans dix mille ans...

*Ils sortent à droite, cependant que les Nègres, sauf Vertu et Village, sortent doucement à gauche. La scène reste vide, sauf Village et Vertu.*

VILLAGE, *à Vertu. Ils semblent se disputer :* Mais si je prends tes mains dans les miennes ? Si je t'entoure les épaules — laisse-moi faire — si je te serre dans mes bras ?

VERTU, *à Village :* Tous les hommes sont comme toi : ils imitent. Tu ne peux pas inventer autre chose ?

VILLAGE : Pour toi, je pourrais tout inventer : des fruits, des paroles plus fraîches, une brouette à deux roues, des oranges sans pépins, un lit à trois places, une aiguille qui ne pique pas, mais des gestes d'amour, c'est plus difficile... enfin, si tu y tiens...

VERTU : Je t'aiderai. Ce qui est sûr, au moins, c'est que tu ne pourras pas enrouler tes doigts dans mes longs cheveux blonds...

*Le rideau noir, qui formait le fond de la scène, se lève : tous les Nègres — ainsi que ceux qui formaient la Cour et qui sont débarrassés de leurs masques — se tiennent debout, autour d'un catafalque drapé de blanc comme celui qui était sur la scène au lever du rideau. Premières mesures du menuet de* Don Juan. *Se tenant par la main, Village et Vertu se dirigent vers eux, tournant ainsi le dos au public. Le rideau se ferme.*

# DU MÊME AUTEUR

*nrf*

HAUTE SURVEILLANCE.

JOURNAL DU VOLEUR.

ŒUVRES COMPLÈTES :

Tome I : *Jean-Paul Sartre :* Saint Genet, comédien et martyr.

Tome II : Notre-Dame-des-Fleurs — Le Condamné à mort — Miracle de la Rose — Un Chant d'amour.

Tome III : Pompes funèbres — Le Pêcheur du Suquet — Querelle de Brest.

Tome IV : L'étrange mot d'... — Ce qui est resté d'un Rembrandt déchiré en petits carrés... — Le Balcon — Les Bonnes — Haute surveillance — Lettres à Roger Blin — Comment jouer « Les Bonnes » — Comment jouer « Le Balcon ».

Tome V : Le Funambule — Le secret de Rembrandt — L'Atelier d'Alberto Giacometti — Les Nègres — Les Paravents — L'Enfant criminel.

LETTRES A ROGER BLIN.

*Impression Bussière à Saint-Amand (Cher),*
*le 28 avril 1986.*
*Dépôt légal : avril 1986.*
*1ᵉʳ dépôt légal dans la collection : mars 1980.*
*Numéro d'imprimeur : 1138.*

ISBN 2-07-037180-8./Imprimé en France.

38009